ボードゲームが人を変える、まちを変える

シリアスゲームの活用とつくり方

上原一紀・飯島玲生・石神康秀 著

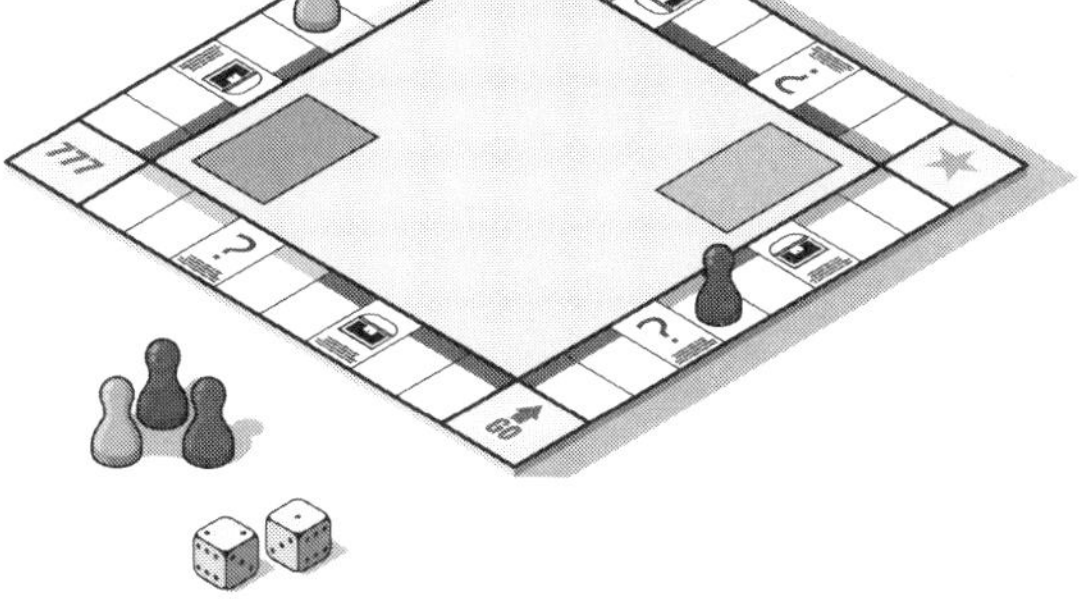

公職研

プロローグ

（上原一紀）

シリアスゲームづくりの世界へようこそ！

「ゲームってどうやってつくるんですか？」と聞かれることがよくあります。ゲームをつくると一口に言っても、たくさんの側面があるので、どのような点が気になるかを尋ねると、「ルールってどうやって思いつくんですか？」「費用はどの程度かかるんですか？」などの関心が多いようです。

世の中には、これらの質問に答えるための書籍やネット情報があり、そういったものをご紹介することはあるのですが、これらの答えを持っていればそれでゲームがつくれるという訳ではありません。むしろ、これらの質問に含まれない問いの方が、相談者にとっては重要で、答えるのも難しかったりします。

伝えたいものをどうやってゲームに落とし込むか。

この難しい問いにできるだけ答えようと、この本を書きました。

私たちが取り扱っているのは「シリアスゲーム」というジャンルです。「シリアスゲーム」とは、社会の諸問題を解決することを目的としたゲームのことです。ただ遊ぶだけではなく、そこから社会課題に関する気づきや学びを得られるゲームであり、体験の前後で参加者に何かしらの変化（たとえば関心や知識、行動など）を促すことができるものを指しています。デジタルゲームを指すことも多いのですが、私たちは、複数人で一緒に楽しむアナログゲーム（ボードやカードを用いるゲーム）を扱っています。

社会には、人々の関心が集まりづらい課題や、表面的な知識ばかりが浸透して本質が理解されづらい課題がたくさん存在します。そうした課題に対して、興味を引き、自分ごとに落とし込むツールとして、「シリアスゲーム」への注目が少しずつ高まっています。

ゲームというのは、その響きからもワクワクしますし、気軽に参加でき、自らの頭で考える体験をもたらすものです。「正しい」メッセージだけでは動きづらい気持ちを、ゲームの提供する「楽しい」体験を通して動かしていくことができる力があります。

私は、元自治体職員で、現在はゲームとは無縁のＮＰＯ法人に勤めており、ゲームづくりは本職ではありません。それどころか、ゲームで遊んだ経験も少ない人間です。

そんな私がどのようにこの世界に魅せられ、あれよあれよという間にゲームを開発し、大学でゲームづくりの授業に携わるようになったのか。こんな人間でもゲーム開発できますよ、というメッセージも込めて、プロローグでご紹介させていただきます。

シリアスゲームとの出会い

自治体の職員だった私が、初めて体験したシリアスゲームは「ＳＩＭＵＬＡＴＩＯＮ熊本２０３０」（以下、「ＳＩＭ」）でした。６人ほどの参加者がテーブルを囲んで、一人ひとりが架空の市役所の幹部職員になりきって自治体の経営をシミュレーションするゲームです。

「架空」の市役所と言いつつ、内容はリアリティに溢れています。人口減少や高齢化に伴って財政が厳しくなっていく状況下で、既存の自治体事業のすべてをこれまでどおりに継続することは難しい、という厳しい現実が出発点になっています。

事業の先にはまちで暮らす人々がいるはずで、プレイヤー（ゲームを遊ぶ人）は「こちらを立てればあちらが立たず」というジレンマに直面します。その中で、プレイヤー同士で話し合って、どの事業を実行し、どの事業を諦めるのか、意思決定をしていきます。しかも与えられた検討時間は短く、意思決定した内容を第三者（査定役＝市議会議員）にプレゼンする必要もあり、場合によっては否決されることもあります。

このように一見するとシビアな内容なのですが、実際の体験会の会場では、各テーブルで時に笑い合ったり、カードを手に大げさな表情をしたり、拍手が起きたり、立ち上がったり。お互い初対面同士にもかかわらず、誰もが与えられた課題についてのコミュニケーションを楽しんでいる様子が見られました。

当時の私は、「ゲーム」という響きが面白いなと思って足を運んだ一参加者に過ぎなかったのですが、そこで目にした光景は衝撃的なものでした。難しい社会課題に対して、ゲームというアプローチで対話の場をつくっていく。その発想に感動したのは、私だけではなかったはずです。

ご当地版ゲームの作成

「ＳＩＭ」の体験会後、職員仲間と話が盛り上がり、「身近な地域を題材にしたバージョンをつくりたい」という流れになりました。そこで、「ＳＩＭ」開発者に許可を経て、いくつか実際の自治体を舞台にアレンジしたご当地版ゲームの作成に取り組みます。これが、私にとってのシリアスゲームづくりの初体験となりました。

ご当地版の作成では、行政職員だけでなく地域の人々にも協力を呼びかけて、自治体の予算を調べるところから皆で一緒に取り組みました。「ＳＩＭ」の基本ルールや考え方を踏襲しながら、ゲームに登場させる地域資源や事業を検討し、取り上げたい題材をピックアップします。この作業をともに行うことで、作成メンバーは自治体や地域に関してかなり理解を深めることになりました。

そうして完成したご当地版ゲームの体験会を繰り返し開催し、地域の人々に参加してもらう機会をつくっていきました。ありがたいことに参加者が次の参加者を呼ぶような格好で引き合いが絶えず、30回ほど体験会を開催し、５００人以上の方々に参加してもらうことができたのです。

シリアスゲームの魅力

私自身は、ボードゲームやカードゲームにあまり馴染みのない人間でした。遊んだ記憶と言えば、小中学生の頃にモノポリーやトランプなどで触れた程度。そんな人間でしたが、ゲーム体験会の開催を重ねる中で、気づけば周りにさまざまなゲーム開発者とのつながりができるようになり、私もほかのシリアスゲームを体験する機会が増えていきました。

ＳＤＧｓや防災、地域医療、鳥獣対策、農林水産、地域活性化など、世の中にはさまざまな社会課題をテーマとしたシリアスゲームが存在しています。数にすると、国内だけでも４００以上（共著者の石神さんが２０２２年に調べた情報。デジタルゲームは除く）。近年は研修などの場でも学びのコンテンツとして活用されることが目立ち始め、新たに制作されるゲームも年々、増えています。

普段は接点の少ない社会課題であっても、ゲームの中の世界に入れば、誰もがプレイヤーとなって課題に向き合い、考えることになります。ゲームがあることで、学生や社会人、シニア世代まで、世代や所属を問わず誰もが対等に楽しく対話している。そうした場を見るにつれ、ますますシリアスゲームに魅力を感じるようになっていました。

オリジナルゲームの開発へ

こうした中で、自然な流れで私自身もオリジナルゲームづくりに憧れ、いくつか開発に関わるようになりました。自らテーマを持ってつくるというよりは、社会課題に取り組む方々の想いに共感して一緒につくることが多く、代表的なプロジェクトが、本書でも紹介する超高齢社会体験ゲーム「コミュニティコーピング」です。一般社団法人コレカラ・サポート（以下、コレサポ）とともに開発した、社会的孤立という問題の解決に向けた気づきを促すボードゲームです。

コレサポ代表の千葉晃一さんは、長年、高齢者とそのご家族の相談支援を行っており、超高齢社会を迎える中では、住民同士が支え合える仕組みをつくらなければ立ち行かない、と危機感を抱いていました。自身の知見を共有するため、それまで一般向け講座などを行ってきましたが、多くの人々を巻き込むには敷居の高い話題であることに壁を感じていました。そこで、楽しく関わってもらう仕掛けとして、ゲームという手法に着目したのです。

共通の知人から紹介いただいた私は、まず千葉さんに話を伺って、千葉さんの活動や、解決したい課題への理解を深めることから始めました。その後、ゲームの目的や伝えたいメッセージについて、私なりの整理をもとに提案をしながら、コレサポの理事メンバーとも議論を重ねました。この過程では、外部の人間だからこその視点も導入できたと自負していますし、私自身、専門家から直に話を聞き、議論を通じて理解を深められるのはとても学びの多い体験でした。ゲーム開発者の役得、と言えるかもしれません。

そうして抽出したポイントをもとに、既存のボードゲームのシステムも参考にして、何度も手元でメモ書きを更新しながらゲームを設計。テストプレイを繰り返し、クラウドファンディングで支援者を募集して、さまざまな方の協力のもとで、ボードゲームを完成させました。

２０２０年から体験会を開始して以来、幅広い世代の方々に体験していただき、参加者は４０００人以上（２０２３年4月末時点）にのぼります。全国各地で自治体職員の方々向けの研修や、高校・大学の授業等での活用も進んでおり、一つのゲームが多くの人を熱量高く巻き込んでいく過程を目の当たりにしているところです。

特別講義「シリアスゲームデザイン」

このような取り組みをしていると、色々な方面からお声がけをいただくようになりました。その一つが千葉商科大学で、２０２1年から「シリアスゲームデザイン」という特別講義を実施しています。春学期の全13回の授業を通して、受講生同士でチームを組み、実際にシリアスゲームを制作するプロセスを体験してもらう授業です。複数の講師陣によるオムニバス形式としていて、本書の共著者である飯島さんや石神さん、そのほかにも、アクティブラーニングを専門とする先生など、さまざまな経験を持つメンバーとともにカリキュラムをつくっています。

この授業を機に「どうしたらシリアスゲームをつくるプロセスを体系化できるか」というテーマに向き合うようになりました。授業はナマモノで、受講生とのやり取りの中で変化していくこともありますが、講師陣とともに毎年カリキュラムをブラッシュアップしながら取り組んでいます。

振り返ると、次から次へと新たなステップへ誘ってくれる機会が待ち受けており、さまざまなかたちでシリアスゲームに関わってきました。そうしたご縁に感謝をしつつ、これまでの経験と飯島さん、石神さんの知見をかけ合わせながら執筆したのが本書になります。

本書では、伝えたいメッセージをゲームにするプロセスや、それだけでなくシリアスゲームの活用事例や大学生の作品なども紹介しており、ゲームをつくりたい人にはもちろん、ゲームを活用したいという人にも参考となるように意識しています。シリアスゲームに関わる人が増えることで、社会課題について幅広い方々が楽しく学び、対話する場が広がることを願っています。本書が、よりよい社会の変化を促す一助になれば幸いです。

目次

はじめに：この本について

つくりたい
シリアスゲームを
企画、設計したい方
▶ 1～4章すべて推奨

つかいたい
シリアスゲームをつかって
学びの場をつくりたい方
▶ 1、2章がおすすめ

あそびたい
シリアスゲームに
興味がある、遊びたい方
▶ つまみ読みOK

本書の構成

本書は、「シリアスゲームをつくってみたい」という方々だけでなく、「シリアスゲームとはどのようなものか関心がある」「シリアスゲームを活用してみたい」という方々にとっても役立てていただける内容としています。つくる、つかう、あそぶ。シリアスゲームへの関わり方は人それぞれですので、できるだけ多くの方の関心に沿う中身を意識して組み立てています。

本書の1章「シリアスゲームとは～ゲームの効用～」では、「シリアスゲームとは?」という基本的な質問に答えられるように、シリアスゲームの概要やメリット、つくり方の全体像などを説明します。2章「シリアスゲームの活用事例」では、具体的な活用イメージをつかんでいただけるように、実際のシリアスゲームをいくつか取り上げて、その概要や活用事例などを紹介します。1章、2章を通して、社会課題に対するアプローチとしてのゲームの意義や可能性について理解を深めていただくことができるようになっています。

3章「シリアスゲームのつくり方」は、千葉商科大学で実施している「シリアスゲームデザイン」の講義内容を凝縮して整理しており、学生と同じように丁寧になぞっていくことでゲームをつくることができるようになっています。また、4章「シリアスゲームづくりの実際」では、ゲームづくりのイメージがつきやすいように、授業を通して学生のつくったゲームやコメントなども紹介しています。ぜひ頭と手を動かして、ゲームづくりの実践に役立てていただけたら幸いです。

共著者について

２０２１年、千葉商科大学から特別講義「シリアスゲームデザイン」のお話をいただいた際、せっかくならオリジナリティがあり、かつ、汎用性の高いカリキュラムづくりに挑戦したいと思い、まずは協力者を集めることから始めました。

まず浮かんだのが飯島玲生さんでした。

飯島さんは、まちなか発想ゲーム「メイキット」の制作者であり、私の団体の主催するゲーム体験会にも、ゲーム提供者としてお招きしたことのある関係でした。

「メイキット」の詳細については後ほど紹介しますが、汎用性が高くて短時間でプレイできるのも特徴の一つです。私もしばらく「メイキット」を持ち歩いて、「ゲームの活動をしているって聞くけど、どんなことやっているの?」と聞かれたときにパッと取り出して、一緒に遊びながら説明していました。

飯島さんは本業がコンサルタントであり、理論的、構造的に物事を組み立てるのが得意で、大学でも教鞭をとられていたことから、ぜひお力添えいただきたいと思っていました。「シリアスゲームデザイン」の前に取り組んでいた、約半日の特別授業「ゲームデザインワークショップ」の講師を担っていただいたこともあります。「シリアスゲームデザイン」の授業においては、全体の設計協力とともに、特に「社会課題を抽象化する」ために必要なリサーチ手法や整理方法について担当いただいています。本書では、２章「シリアスゲームの活用事例」や、3章の「ステップ1：社会課題の構造化」などを執筆しています。

次にお願いしたのが石神康秀さんでした。

石神さんは「ボードゲームで社会課題を解決する！」をキーワードにゲームの活用・開発・出版などを手掛けている本職のゲーム編集者です。数多くのゲーム開発を支援しており、作者が伝えたいメッセージを深掘りしながらゲーム化することを得意とされています。ボードゲームの設計支援を行う事業者は近年増え始めていますが、この界隈の第一人者として活躍をされている「すごい人」という印象で、それまで何度かゲーム体験会でご一緒することはあったのですが、本当に引き受けてくれるだろうか……と思いながら打診したのを憶えています。

結果、快諾してくださり、「シリアスゲームのつくり方」を体系化して汎用性の高いカリキュラムをつくることをご自身のチャレンジとも結びつけて、授業設計の中心的な役割を引き受けていただきました。授業においては、シリアスゲームをつくるとはどういうことか、ゲームづくりにおいて何を整理するとよいのか、等々、授業の肝となる部分を担当いただいています。本書においても、3章「シリアスゲームのつくり方」のステップ2から6までを執筆しています。

2022年、公職研の編集者である友岡さんから書籍執筆のお話をいただいた際、やはり頭に浮かんだのは飯島さんと石神さんでした。築いてきたカリキュラムを書籍化して多くの人に届ける。これを新しい挑戦と捉えて、頼もしいお二人とともに、シリアスゲームをつくる人を増やすべく、本書を執筆しました。

第Ⅰ部

基礎編：シリアスゲームの効用と活用事例

1章 シリアスゲームとは ～ゲームの効用～

シリアスゲームとは

シリアスゲームとは、エンターテイメント性を持ちながら、社会の諸問題を解決することを目的としたゲームです。デジタルゲームを指すことも多いのですが、本書では、複数人で一緒に楽しむアナログゲーム（デジタルではなく、ボードやカードを用いるゲーム）について取り上げます。「シリアスボードゲーム」と呼ばれることもあります。

シリアスゲームでは、参加者はゲームの設定上のプレイヤーとなり、さまざまに発生する体験や判断を通して学びを得ることができます。幅広い領域でシリアスゲームがつくられており、たとえばビジネスにおいては、営業スキル、論理的思考力、発想力など、さまざまなビジネススキルを養うことを目的としたゲームがあります。また、教育においては、化学や歴史などの教科を学ぶことに特化したゲームも存在します。本書では、特に社会課題を題材として取り上げるゲームを念頭に置いており、何かしらの社会課題について知ってほしい、考えてほしい、理解してほしい、といったねらいを持つゲームを対象としています。具体的なシリアスゲームの事例については2章で紹介します。

シリアスゲームの活用シーン

シリアスゲームは、複数人でテーブルを囲み、ワークショップのような形式で行うことが多いです。ただ、通常のワークショップであればテーブルの真ん中にあるのは模造紙や付箋だったりしますが、シリアスゲームの場合は、ボードやカード、コマなどのアイテムが置いてあります。これらのアイテムは、ゲームを進行するのに不可欠な部品であるとともに、参加者のワクワク感を醸成するのに一役買っています。

シリアスゲームの活用シーンとしては、自治体や企業、コミュニティなどにおける研修や、市民活動、学校教育でのワークショップなどで利用されています。近年、さまざまな学び合いの場でゲームが活用されるようになってきており、ゲームの効用に関する認識は世の中で少しずつ広まり始めているようです。ほかにも、自治体の施策立案の過程において、市民の主体的な参加を促し、対話の機会づくりを行う市民参加型プログラムとして導入されることもあります。家庭用ボードゲームとの大きな違いとして、全体の進行を行うファシリテーターが存在することが多いのも特徴です。ゲームの実施だけでなく、その前後にレクチャーを組み込んだり、振り返りの対話の時間を取り入れたり、気づきや学びを深める工夫を加えることができます。

アナログゲームでありながら、オンライン上で、カードをめくったり、サイコロを振ったり、といった操作ができる環境を整えているゲームもあります。これらのゲームは自宅などから参加することができ、Ｚｏｏｍなどを用いて複数人がオンライン上で一緒にゲームを楽しむことができます。

シリアスゲームの効用

シリアスゲームを活用するメリットにはさまざまな側面がありますが、著者の経験も踏まえて次の三つの観点に整理してお伝えします。

1．参加者を惹きつけ、前のめりの参加を促せる
2．伝えたいメッセージを効果的に伝えられる
3．参加者同士の対話を促し、学び合う場をつくれる

それぞれ詳しく見ていきます。

1．参加者を惹きつけ、前のめりの参加を促せる

ゲームならではの利点として、娯楽性が挙げられます。娯楽性というとさまざまな印象を持たれる方がいると思いますが、学びと娯楽性を両立させることがシリアスゲームの最大の特徴でもあります。これによって、ゲームの参加前、参加中、参加後、それぞれにゲームならではの効果をもたらします。

ゲームのもたらす「楽しい」という感情は人を惹きつけ、動かすことができる力を持っています。通常はあまり人々の関心の寄せられないテーマであっても、ゲームという魅力が加わることで、関心を向けさせることができるようになります。ゲームだからこそ、参加者のモチベーションを高め、体験中も前のめりの参加を促すことができます。そして体験した人が「楽しい」という感情を周囲に発信することで、さらに周りの人々の関心を巻き込み、ムーブメントにつながっていくことがあります。

2．伝えたいメッセージを効果的に伝えられる

伝えたいことを伝える媒体として、シリアスゲームは効果的な役割を果たします。

シリアスゲームは、現実社会の一部を切り取ったり、架空の世界を設定したりして、メッセージを効果的に伝えられる特定の状況をつくり出します。参加者はそのゲームの世界に登場するプレイヤーとなってさまざまなイベントや課題に向き合うことで、常に「この状況で自分はどのような行動を取るか？」を問われ続け、制作者の考えてほしい「問い」に対して主体的な選択や対話を求められることになります。このため、ゲームで扱う社会課題について、読む、聞く、見るといったことよりもずっと自分ごととして考えることができます。

また、安全な環境下でシミュレーションができるというのも特徴です。ゲームの設定により、現実社会をイメージすることのできる状況で、現実では容易にできない失敗をすることができます。たとえば、プレイヤーの判断の積み重ねにより、自治体が消滅することも、会社が倒産することもあり得ます。このとき、なぜ失敗したのか、どうしたらうまくいくのかを振り返ることで、現実社会ではどう振る舞うべきか考えるきっかけとなります。

そのほかにも、構造的な問題をわかりやすく表現することができるのも特徴で、たとえば、ある行動をしたときにＡの観点にとってはプラスだが、Ｂの観点にとってはマイナスになる、といった状況をつくり出してプレイヤーに判断をさせることができます。これらを通して、参加者はゲームに登場する要素の関係性を理解し、問題を俯瞰的に捉えることができるようになります。

3. 参加者同士の対話を促し、学び合う場をつくれる

ゲームにおいては、プレイヤー全員が平等に参加する、というのも大きな特徴です。現実社会における年代や性別、職業、肩書など関係なく、誰もがゲーム上の与えられた役割をもって参加し、一人ひとりに出番があります。ルールに沿ってプレイを進めるため、場の安全性が保たれた状態で、相互のコミュニケーションを促すことができます。このことは、ファシリテーターの力量に大きく左右されることなく、良質な時間をつくり出すことができる、というシリアスゲームの利点も示しています。

シリアスゲームには、参加者同士が競い合うものもあれば、協力し合うものもあります。ほかのプレイヤーとの交渉や協力を通して他者の視点を取り入れながら、一人では得られない気づきを獲得することができます。楽しみながら取り組むため、発想も広がりやすく、どんどんコミュニケーションが活発になっていく、ということが多くあります。

また、ゲーム終了後に振り返りの時間を設けることで、「どのような気づき、学びがあったか?」「ゲームの世界を現実社会に置き換えたらどうなるか?」といったことを言語化し、共有し合うことができ、さらに学びを深める場づくりにつなげることができます。

シリアスゲームづくりの流れ

シリアスゲームづくりの流れは、次頁の図のような工程になります。「つくる」という言葉を分解していくと、主には「企画」「設計」「製作」に分けることができます。まずはゲームのコンセプトや方向性を「企画」し、それをもとにゲームの世界観やルールなどの内容を「設計」していく。そして、ゲームを製品化するためにデザインや印刷などを通して「製作」していきます。これでゲームは完成ですが、実際にはその後、

工程	企画	設計	設計	製作	普及
内容（例）	・社会課題を構造化して捉える（ステップ1） ・テーマとメッセージを設定する（ステップ2）	・プレイヤーの体験や、ゲームの世界観・物語を設計する（ステップ3、ステップ4）	・プロトタイプ（試作品）をつくる（ステップ5） ・テストプレイを実施して改善する（ステップ6）	・デザインや印刷により、ゲームの見た目や質を高める ・コンポーネント（部品）を調達する	・体験会を実施する ・商品として販売する ・ファシリテーターを養成する

※表中のステップは、本書3章の六つのステップと対応

「普及」という過程があり、世の中にお披露目をして体験会を実施したり、販売したり、広めるための仕組みづくりをしたり、といったことをして初めて、届けたい人たちに遊んでもらうことができます。

本書の3章「シリアスゲームのつくり方」で扱うのは、この整理で言えば「企画」と「設計」部分にあたります。図にも記載していますが、ステップ1から始めて全6ステップでゲームづくりを整理しています。ステップ6の段階までいくと、手元には手書きで不格好な状態であっても充分に遊べる状態の試作品がある状態になります。

ゲームづくりと聞くと、ルールの設計がまず頭に浮かぶ方が多いですが、その手前で調査やヒアリング、メンバー間の議論などを通して、社会課題を構造化し、テーマとメッセージを設定することが重要です。このプロセスは、ゲーム制作者自身にとっても学びが多く、面白味のある過程であり、何を伝えたいかを精査する中で、メッセージが磨かれていくことになります。

ゲームをつくるにあたってボードゲームに関する知識や遊んだ経験を気にする方もいますが、あまり多くは必要ありません。いくつか経験しているとルールの設計において引き出しが増えるのは間違いありませんが、たとえば、過去に遊んだトランプゲームのルールを思い出すだけでも充分有用だったりします。

試作品ができあがった後は、「製作」や「普及」という工程に進むことができます。近年はＳＮＳやクラウドファンディングなどのプラットフォームが発達したことにより、必要な資金を調達したり、販売したり、といった敷居が低くなっています。加えて、アナログゲームへの注目度合いが年々高まっていることもあり、アナログゲームを制作する人も増加傾向にあります。

コロナ禍で制限がかかっていた時期もありましたが、日本最大規模のアナログゲームイベント『ゲームマーケット』への出展者数も増加傾向にあり、コロナ前には１０００以上の出展者が新作などを持ち込んでブース出展していました。ゲーム開発者が増えることで、ゲームのデザインや印刷に関する情報も多く広く共有されるようになり、年々アナログゲームは制作、販売しやすい環境になっていると言えます。本書の読者の中で、ご関心をお持ちの方は、ぜひ今後のステップとして挑戦してみてください。

2章 シリアスゲームの活用事例

シリアスゲームの活用事例

本章ではシリアスゲームの具体的な活用事例を見ていきます。紹介するゲームは超高齢社会を体験するゲーム、地域課題の解決策を発案するゲーム、自治体運営や政策実行を疑似体験するゲームなど、各ゲームで取り上げている主題はさまざまです。それぞれのゲームのルールやコンセプトを見ていくことで、世の中にある多様な社会課題に対応してシリアスゲームが設計されていることを知ることができます。

シリアスゲームを活用している人たちは数多くいますが、共通しているのはどの人も社会課題の解決に向けて活動したり、事業を行っていたりすることです。地域交流の場づくりをする団体であれば、住民向けのイベントでシリアスゲームを利用し、自治体であれば職員向けの研修でシリアスゲームを利用しています。ゲームはルールが明確に定められてパッケージ化されているため、ゲスト講師や特別な電子機材は必要ではなく、比較的気軽に学びの機会や交流の場を提供できることが利点です。

教育現場でもシリアスゲームは頻繁に利用されています。小学校、中学校、高校などの学校教育の中では新しい単元を学びはじめるときにさまざまな教材を用いて導入を行いますが、シリアスゲームは授業の格好の導入教材になります。資料や文献の特別な情報を多く提示することなく、「ゲームをやってみてごらん」と伝えるだけで、児童・生徒の社会課題への理解を深め、学習の動機付けをすることができます。

シリアスゲームが行政やビジネス、教育の現場で多く利用されている理由は、シリアスゲームが社会課題を扱ったゲームであり、ゲーム体験を通した学びがあるためです。シリアスゲームの事例を見ていくときには、ゲーム体験の中でどのような学びが得られるのか、そのためにどのようなルール設計になっているかに注目すると、ゲームづくりをする上でも参考になります。ゲームを通した学びは、必ずしもゲーム体験の中だけにはとどまりません。ゲーム体験後の振り返りを推奨し、特定のトピックの話し合いや議論のきっかけを提供するゲームもあります。

シリアスゲームの活用目的はさまざまですが、具体例として四つのケースを紹介します。

①研修：実務的な知識・技能を身につける

特定の社会課題に関する知識共有や理解増進を目的として、自治体職員や会社員に対する研修の中でシリアスゲームが用いられています。複雑で多様な課題を短時間で理解することが求められる研修と、複雑な社会課題を簡素化してゲーム体験を通した学びを短時間で得られるシリアスゲームとの相性はよく、全国各地の研修でシリアスゲームの活用が徐々に広まっています。

たとえば、本章で紹介する「鳥獣対策ボードゲーム」は農林水産省や自治体の研修で活用されています。さらに、鳥獣対策ボードゲームはゲーム体験を通して鳥獣被害の要因や構造的な問題を知ることができます。

実際の研修ではゲーム体験だけでなく、鳥獣被害の実態や対応策も資料として研修参加者に提示します。このために、鳥獣被害の課題を持つ全国の自治体で、鳥獣対策ボードゲームが重宝されています。

②教育・普及：市民活動や学校教育で、知識共有や関心度醸成を行う

特定課題の知識共有や関心度を高めることを目的として、市民活動や学校教育の中でシリアスゲームが活用されています。社会課題に取り組む市民団体は全国各地にありますが、特に社会課題の知識共有や関心度を高める活動に対して、シリアスゲームは有効です。

本章で紹介する「コミュニティコーピング」は、超高齢社会における社会的孤立等の問題を周知していくために、全国各地でゲームを実施するファシリテーターを増やしながら、多くの人に学びやコミュニケーションの機会を届ける活動を進めています。学校教育の場でも学習教材として「コミュニティコーピング」は使われています。本ゲームで扱う超高齢社会そのものを理解することは大変ですが、ゲームを体験することで超高齢社会の社会的孤立に関する課題を共有したり解決に向けた取り組みについて理解を深めることができます。

③意見聴取・施策立案：行政の施策立案のために、市民の意見・アイデアを聴取する

行政の施策立案を進めるにあたって、市民から特定課題に対する意見・アイデアを聴取するためにシリアスゲームが活用されています。たとえば、まちづくりの施策や計画の立案にあたって、市民ワークショップ等を通して地域住民の意見を聞くことがあります。このときに、特定課題を扱ったシリアスゲームを体験してもらった上で、ゲーム参加者に当該課題の感想や意見を尋ねることで市民から意見を集めることができま

す。また、シリアスゲームの中には、意見・アイデアを聴取することまでをルールに組み込んだゲームもあります。

本章で紹介する「メイキット」は、地域課題の解決策を発案するゲームです。ゲームの中で出てきたアイデアをまとめていくことで、ゲームに参加した多様な人からの意見や提案を行政施策に反映することができます。

④コミュニティ形成：さまざまな人同士のコミュニケーションを促進する

ゲーム実施を通して副次的効果として得られるのが人のつながりであり、コミュニティ形成です。ゲーム体験のイベントとしてシリアスゲームを活用すれば、さまざまな人が知り合う場をつくることができます。組織内で活用すれば部署内外の人の交流機会をつくることができます。また、誰でも参加できる公開イベントの形式であればゲームを通して集まった人同士をつなぐことができます。「地域課題を考えるシリアスゲーム」というイベントを開催すれば、特定地域に関わる人に加えて、特定地域以外の人も集めて、まち内外の人の交流の機会をつくることもできます。

本章で行うシリアスゲームの紹介では、ゲーム概要に加えて、制作に至った経緯やゲームの普及展開についても記載しています。ここには、各制作者がゲームを通して誰に何を伝えたいのかという想いが込められています。

シリアスゲームの活用事例を見ながら、自分がつくりたいゲームを誰にどのように活用してもらいたいかを考えていくとよいでしょう。

超高齢社会体験ゲーム「コミュニティコーピング」

ゲームの概要

一般社団法人コレカラ・サポート（以下、「コレサポ」）の開発した超高齢社会体験ゲーム「コミュニティコーピング」は、プレイヤー同士が協力し、ゲーム上に現れる「悩みを抱える住民」の本当の悩みを引き出して、人と地域資源につなげることで、悩みの解決を目指すゲームです。超高齢社会を疑似体験できる内容となっており、高齢者やその家族に訪れる課題が「悩みを抱える住民」のカードとして次々に登場するのが特徴の一つです。

ゲームの世界は２０２１年の時点からスタートし、ターンごとに「悩みを抱える住民」がＡからＦの六つの地区のいずれかに発生します。同じ地区に４人以上、「悩みを抱える住民」がとどまってしまうと、地域体制が崩壊し、ゲームオーバーとなってしまいます。地域が崩壊しないように２０３０年まで存続し続けることができたら、ゲームクリアというルールです。

対面で遊べるボードゲーム版と、遠隔からでも体験できるオンライン版が存在し、一般体験会の開催のほか、自治体、社会福祉協議会、大学、高校などで広く活用されています。中学・高校生から80代の高齢の方々まで、これまで４０００人以上（２０２３年4月末時点）が体験。世代や性別を問わず、誰もが対等にコミュニケーションを取りながら楽しむことができます。

また、ともにゲームの普及を推進していく「認定ファシリテーター」は約２５０人に拡大し、自治体での研修や、学校の授業等での活用も進んでいます。ボードゲーム版開発の際はクラウドファンディングを実施

自治体・行政職員の研修の一環として

「まちの保健室」での取り組みとして

まちづくり講座プログラムとして

学校教育における体験型の授業として

し、100万円を超える多数の支援がありました。

開発の経緯

ゲームを開発したコレサポは、長年、高齢者やそのご家族の相談支援を行っている団体です。「コーピング」とは「対処する、課題と向き合う」という意味で、「コミュニティコーピング」という言葉はコレサポの造語です。必要なときに必要な助けが届かない状態、すなわち「社会的孤立」を解消することを目指し、地域の中で支援が届かずに「悩みを抱える住民」に対して、複眼的に問題を捉えて整理し、必要な人や地域資源とつなげる一連の活動のことを「コミュニティコーピング」と呼んでいます。

高齢者だけでなく現役世代でも、ダブルケアや介護離職など社会制度や支援が届かずに悩みを抱え、地域の中で孤立する人が増えて

コミュニティコーピング開発当時の打合せ資料

高齢者支援ゲーム_ロードマップ案 2020.1.12
2020年
1月
2月
3月
4月
5月
6月
7月
8月
9月
10月
11月
12月
事業戦略
対象者・展開方法の骨子検討
・印刷部数決定
・販売・研修展開方法の検討
・クラウドファンディング等の検討
ゲーム制作
ゲーム骨子
ゲームシステム設計
※打合せ3,4回想定
※トライアル用簡易制作物作成
トライアル&改善
※１回あたりMin3,4名
1回目（メンバー）→改善
2回目（メンバー＋α）→改善
3回目（外部協力者）→改善
4回目（外部協力者）→改善
最終調整→ゲームシステムの確定
コンポーネント検討
イラスト制作
コンポーネント種類、イラスト必要点数等の検討
イラスト発注＆制作ディレクション
入稿データ作成
印刷＆コンポーネント発注
・印刷所で印刷（約2か月）
・印刷物以外のコンポーネント（ダイス等）発注
ゲーム展開
ゲーム販売
ゲームマーケット申込
クラウドファンディング？
ゲームマーケット
ゲーム一般販売
研修・WSプログラム制作・販売
※方法は事業戦略による
ゲームを用いた研修・WSプログラムの制作
プロモーションツール作成
プログラムの営業・販売

いる――。相談支援の活動の中で、コレサポ代表の千葉晃一さんがそのような危機感を抱いたことが、ゲーム開発のきっかけでした。千葉さんは、住民同士が支え合える仕組みをつくらなければ、超高齢社会は立ち行かないと考え、若年層から高齢層まで幅広い世代が参加し、一緒に楽しみながら気づきを得られるツールとしてゲームという手法を着想しました。

２０２０年初めから設計に着手し、開発メンバーでの議論やテストプレイを繰り返して改善を重ねました。開発途中でコロナ感染拡大の状況となり、当初の予定を変更してオンライン版の開発を先行。２０２０年10月からオンライン体験会を開始しました。２０２１年にはクラウドファンディングを実施し、ボードゲーム版の開発も実現しました。

ゲームの特徴

1．現実社会を落とし込んだ地域福祉のリアリティ

ゲーム中には、実際の高齢者の相談支援業務の中で対応した事例をモデルとした、「悩みを抱える住民」のカードが計72枚登場します。プレイヤーは地域に住むさまざまな立場の人となり、悩める住民の話を聞いて、悩みに対して適切な専門家やコ

コミュニティコーピングで利用するカード

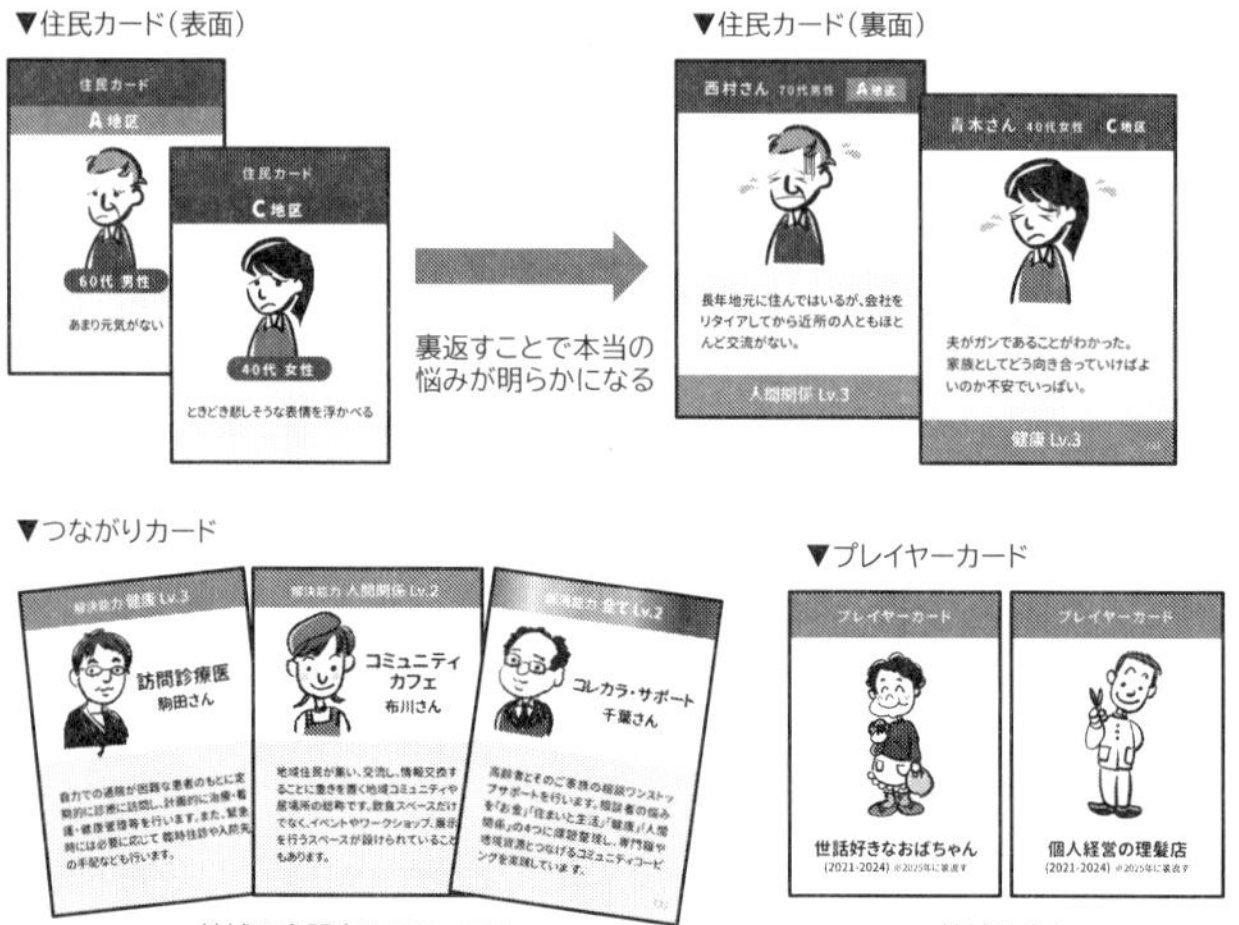

地域の専門家やコミュニティ　　地域の人々

ミュニティ活動などを紹介することで、悩みの解決を図ります。

地域福祉をめぐっては、地域包括支援センター、社会福祉協議会、社会福祉士、市民後見人、民生委員など、さまざまな機関や専門家が存在します。ゲームにも、このような実際の相談窓口や地域資源が登場するため、参加者はゲームに熱中しながら実社会と結び付けて問題に向き合うことができるようになっています。

2．「社会とのつながり」を処方することで悩みを解決

本ゲームの理論的支柱の一つに、英国発祥の「社会的処方」という考え方があります。西智弘さんの著書『社会的処方～孤立という病を地域のつながりで治す方法』より引用します。

たとえばこころやからだの調子が悪くて病院に行くとしましょう。

診察を終えた患者さんは「この薬飲んでね」と、かかりつけのお医者さんから処方箋を受け取りますね。このとき薬だけではなく、体操や音楽、ボランティアなど、参加す

べきサークル活動を医者が紹介したらどうでしょう?

薬と同じように「社会とのつながり」を処方するから社会的処方。イギリスでは釣りや編み物の集まりに参加した高齢者がうつ病から脱したなどの例もあるそうです。

ゲームの中ではプレイヤーは、人と地域資源をつなぎ、「社会的処方」を実践する役割を担います。自らが地域の専門家やコミュニティとつながり、「悩みを抱える住民」につなぐことで悩みを解決する、というのが社会的孤立の解決のヒントであり、本ゲームの基本的なアクションになっています。

3. 失敗率90%のクリア難易度

「コミュニティコーピング」は協力型ゲームであり、勝ち負けを競うのではなく、参加者全員で協力してクリアを目指すゲームです。しかし、ゲームのクリア率は平均10%程度であり、参加者同士が積極的にコミュニケーションを取らないとクリアが難しい内容となっているのも特徴です。ゲーム中も自然と拍手や歓声があがり、終了後には「もう一度やりたい」という前のめりの声が多く聞かれます。

ゲームの内容物には「ふりかえりカード」が含まれています。「ゲームで一番印象に残っている瞬間はいつですか?」「現実でゲームの結果が起こったとして、その一番の要因は何ですか?」などの問いが記載されており、ゲーム体験後にこのカードを使って振り返りを行うことで、ゲーム中の体験や結果(失敗あるいは成功)から気づきを引き出す工夫も取り入れています。

ゲームの展開

ゲームを開発したコレサポでは、活動の展開において、ゲームの背景や本質を理解し、体験会において参

ゲームタイトル	超高齢社会体験ゲーム「コミュニティコーピング」
ゲーム概要	人と地域資源をつなげることで社会的孤立を解消する協力型ゲーム。ゲームは 2021 年の時点からスタートし、ターンごとに悩みを抱えた人が六つの地区のどこかに発生します。１年の最後に同じ地区に４人以上、悩みを抱えた人がとどまると、地域体制が崩壊してゲームオーバーです。地域を崩壊させずに 2030 年まで存続できたらゲームクリアです。
内容物	メインボード２枚１組／ステータスボード６枚／住民カード 72 枚／プレイヤーカード８枚／つながりカード 21 枚／イベントカード 15 枚／ふりかえりカード５枚／チップ 25 枚／説明書１冊
プレイ時間／人数	時間：60 分〜　人数：４〜６人（対象年齢：12 歳から）

加者の気づきを引き出すことのできる「認定ファシリテーター」を養成しています。本ゲームは一般販売しておらず、体験会で得られる気づきの質の担保を図るため、ゲームは認定ファシリテーターに限定して提供しています。

２０２３年４月末現在、北海道から沖縄まで約２５０人の認定ファシリテーターが存在しており、所属は、自治体職員、医療・介護関係者、一般の会社員、研修講師、自治体議員等々、幅広い職種の方が参加しています。

認定ファシリテーターの協力もあり、全国の自治体や教育機関での導入が進んでおり、導入実績はこれまで延べ50件を超えています。名張市（三重県）や尼崎市（兵庫県）では、地域包括ケアや重層的支援体制の推進のため、自治体内部で「認定ファシリテーター」を育成する研修も実施されています。これらの実績も評価され、２０２２年「第17回マニフェスト大賞」では「コミュニケーション戦略賞 優秀賞」を受賞しました。

コレサポでは今後、人と地域資源をつなぎ合わせる社会づくりをさらに促すため、まちを歩いて地域資源に触れるワークショップや、そこで触れた情報を記録して地図上に可視化するスマホアプリを用いた取り組みも予定しています。

◉連絡先

https://comcop.jp（「コミュニティコーピング」ウェブサイト）

まちなか発想ゲーム「メイキット」

ゲームの概要

「メイキット」は、「まちの資源カード」や「まちの魅力カード」を使って、さまざまな市民の要望や地域課題が書かれた「まちの声カード」を解決するアイデアを発想していくゲームです。各プレイヤーが発表したアイデアを他のプレイヤーが一斉に評価し、「いいね」を挙げた人が多ければ「成功」、少なければ「失敗」。やってみたくなったアイデアをたくさん思いついた人が勝ちです。

具体的なゲーム進行を説明するために、実際の「メイキット」で発想されたアイデアの事例を紹介します。たとえば、手番のプレイヤーが「車が運転できなくなった。日々の買い物どうしよう。」と記載がある「まちの声カード」を引いたとします。手番のプレイヤーは手持ちの3枚の「まちの資源カード」と、場にある3枚の「まちの魅力カード」を使って、「まちの声カード」の記載内容を解決するアイデアを考え、周りの人に発表します。今回のプレイヤーは、「まちの魅力カード」として「どろんこ広場」を使い、「まちの資源カード」として「空き家」「スポーツ施設」を使って、次のようなアイデアを発表しました。

・アイデア例：「どろんこ広場」に行く車に相乗りするかたちで、高齢者が買い物に行く。乗り降りは「空き家」付近。高齢者を同乗させた人には「どろんこ広場」や「スポーツ施設」の割引券を渡す。

この発表を聞いていた周りのプレイヤーは、このアイデアに対して評価をします。「いいね」を挙げた人が多ければ「成功」で、発表者は1ポイント獲得。「いいね」を挙げた人が少なければ「失敗」となり、発表の手番が次のプレイヤーに移ります。このアイデア発表と評価を各プレイヤーが順番に行っていき、最終的に「成功」のアイデアをたくさん思いついた人が勝利します。

開発の経緯

「メイキット」の制作メンバーは学生時代からの友人3名です。学生時代には学生団体の活動を通して学術的なイベントやワークショップを企画していました。社会人になってからは3人で新しい「まち遊び」をつくるという活動をしており、その活動の中で「メイキット」を制作しました。直接的な開発のきっかけは、岡崎市（愛知県）でまち遊びに関するワークショップを企画したことです。ワークショップ参加者がその場で遊べるゲームを用意しようと思ってつくったもので、着想から2週間くらいでプロトタイプを使ってイベントを実施しました。まだ粗削りのプロトタイプであったのですが、地域の魅力や課題を考えることや、課題に対するアイデアを考えることに対して、思った以上にワークショップ参加者が楽しんでいたのが印象的でした。

・まちの声：「車が運転できなくなった。日々の買い物どうしよう。」
・まちの魅力：どろんこ広場（子供用の遊び場）
・まちの資源：空き家、スポーツ施設
・アイデア例：「どろんこ広場」に行く車に相乗りするかたちで、高齢者が買い物に行く。乗り降りは「空き家」付近。高齢者を同乗させた人には「どろんこ広場」や「スポーツ施設」の割引券を渡す。

ゲームを使って「地域の魅力や課題を知り、地域への関心を高める」ということに手応えを感じたこともあり、岡崎市のイベント後に制作メンバーで話し合ってプロトタイプを改良して完成させることにしました。その後、公益財団法人中山隼雄科学技術文化財団からの助成を受けるなどして、２０１８年に1年かけて全国各地でメイキットの実証実験を繰り返し、２０１９年に完成させました。当初は、１００セット程度を自主制作した上で、「メイキット」のウェブサイト上で無料貸出をするというかたちで、希望者に提供をしていました。ただ、予想以上にレンタル希望者が多くなり貸出し在庫がない状況が続きました。そこで、現在では制作メンバーでお金を出し合って増刷し、ボードゲームの総合データベースサイトで販売しています。制作当初は、私を含めた制作メンバーが主催して「メイキット」を使ったイベントを企画していましたが、現在は「メイキット」の購入者からの問合せ対応を通して、情報提供や開催支援を行うというかたちで、広報・普及を行っています。

ゲームの特徴

「メイキット」は大喜利形式でアイデアを出していくシンプルなルールをベースにして、地域の魅力や課題を知り、地域への関心を高めることを目指すための工夫を取り入れています。ここでは二つの特徴について紹介します。

1．まちなかでのフィールドワークを取り入れたカードゲーム

「メイキット」では、まちを散策して情報収集をするフィールドワークを取り入れています。ゲームで使用する「まちの魅力」「まちの声」のブランクカードを用意しており、プレイヤーがまちの散策で見つけた地域の魅力や課題をそのままカード化して遊ぶことができます。

このようなルールを取り入れたのは、私たち制作メンバーが新しい「まち遊び」をつくるという活動の中で、まちの散策の楽しさや発見が大事だと思ったためです。このルールには、プレイヤーがまち散策で見てきたまちの魅力や課題を大事にしながら、プレイヤーそれぞれの発想を共有して楽しんでほしいという想いが込められています。ゲームを開催している場所の地域の魅力や課題をもとにしてゲームを行うために、プ

手番の人は「まちの声」カードを1枚めくり、手札の「まちの資源」カードを1～3枚、「まちの魅力」カード1枚を使って、「まちの声」にこたえるアイディアを発表！残りのプレイヤーは発表されたアイディアを一斉に評価。「いいね」を挙げた人が多ければ「成功」、少なければ「失敗」。

「まちの声」カード
マチノ
コエ
MACHINO-KOE
日々の生活において、
まちなかで「人のつながり」
を感じることが少なくなった。
メイキット
「まちの声」カードを1枚めくる
「まちの魅力」カード
各自が作成した「地域」の魅力
各自が作成した「地域」の魅力
各自が作成した「地域」の魅力
マチノ
ミリョク
MACHINO-MIRYOKU
最初は3枚のカードを表にする
「まちの資源」カード
マチノ
シゲン
MACHINO-SHIGEN
資源：まちにある「モノ」「ヒト」「カネ」「コト」
各プレイヤーの持ち札は3枚

レイヤーはゲームを通して地域への関心を高めることができます。この部分は大きなアピールポイントです。

2．発想されたアイデアを地方版総合戦略に位置づけて取り組める

「まちの声カード」（44枚のうち、ブランク12枚）に記載されたまちの課題は、国の総合戦略として策定された「地方版総合戦略」で掲げられた目標に対応しています。つまり、まちの声を解決するアイデアは、地方版総合戦略で記載されている課題を解決するアイデアにもなるのです。よって、「メイキット」で生まれたアイデアや取り組みは各地域の地方版総合戦略に位置づけて実施することができます。

たとえば、岡崎市では、「わがまちのゆるキャラを全国の人気者にしたい」というまちの声に対して、実際に、岡崎市のゆるキャラであるオカザえもんを使った「かく

れオカザえもんを探せ」というイベントが実施されました。このイベント自体は、岡崎市のまち・ひと・しごと創生総合戦略の基本目標②の「魅力づくり～交流人口・定住人口の増加、シティプロモーションの推進～」に位置づけることができます。

ゲームを通して発想されたアイデアがどう活用されるかという点も重要です。自治体での使用を想定して使いやすくなるような工夫を取り入れたことは本ゲームの特徴の一つです。

行政における活用事例

老若男女思わず立ち上がってゲームに参加

当日のプログラム

- ・オリエンテーション
- ・ゲームのカードづくり
（魅力・課題の検討）
- ・「メイキット」のゲームプレイ
- ・全体共有
- ・ふりかえり・総括

地域の団体のイベントやアイスブレイクなどで、多くの人に「メイキット」を遊んでもらっていますが、自治体の総合計画策定の中の意見聴取の方法の一つとして活用されたこともあります。ここでは小牧市（愛知県）の東部振興構想（2022～2031年度）の策定のために実施された「東部地域のこれからを考える 東部まちづくりワークショップ」での活用事例を紹介します。

東部まちづくりワークショップは、小牧市の東部振興構想について、地域の居住者の方をはじめ、まちづくりに興味のある方から意見聴取をするために実施された取り組みです。「メイキット」は東部振興構想につながるアクションのアイデア創出のために活用されました。

参加者から出たアイデアの例

	まちの声（課題・お困りごと）	まちの資産	×	まちの魅力	⇒	アイデア
A	坂が多い	電車／ヘリコプター／銭湯・温泉	×	自然が多い	⇒	自然を守りつつ、交通の便をよくする。温泉をつくって坂登りで疲れた体を癒やしてもらう
B	特産物の認知度が低い	コンビニ／外国人	×	象徴的な動植物（桃）	⇒	まちの特産物（桃など）をコンビニで売って、訪日外国人に積極的に魅力発信してもらう
C	このまちに赴任してきたが出会いが少ない	ヘリコプター／地場産業／寺社仏閣	×	車を運転できる（第1回WS）	⇒	婚活パーティーとして、ヘリコプターや車を使ってまちの資源を周遊する催し物を実施する
D	農業をする人が減って農地に雑草が増えてきた	1000万円／社会起業家	×	ー	⇒	雑草を刈ってくれる人に補助金を出す→社会起業家に来てもらい、農業を復興する
E	まちの中小企業が倒産していく	市長／地元出身芸能人／まちが舞台のドラマ	×	地域の人と人のつながり（第2回WS）	⇒	市長や地元出身芸能人に出演してもらい、地域のつながり・地域のよさをPRするドラマをつくる
F	桃花台を考えるイベントをしているが集客が難しい	地域の特産品／歩行者天国	×	ローカルフード	⇒	ローカルフードや地域の特産品を提供するイベントを実施して、桃花台の魅力を知ってもらう。歩行者天国化する
G	地域の催しが減っている	アーティスト／子ども／文化祭／地場産業	×	ー	⇒	歩行者天国を活用し、アーティストを招待してイベントを行う。出店を利用し地場産業をPRする

当日の進行は「当日のプログラム」を参照してください。実際のゲームでは、参加者の方々が感じている東部地域の魅力や課題を、「まちの魅力カード」「まちの声カード」に書き出したものを使っています。

上の表は、参加者から出たアイデアの一覧です。Aでは「銭湯・温泉」というカードが使われることで一気に魅力的なアイデアになりました。Dでは、お金を草刈り費用に直接充てることにとどまらず、「社会起業家」と農業自体を復興することで雑草を減らすという根本的な解決につながるアイデアが出ています。手持ちのカードの中から発想することで、単純な発想にとどまらずにアイデアが広がっています。短い時間で全7チーム合計75個ものアイデアが集まりました。限られた時間の中で多くのアイデアを生み出すことができるのも、ゲームというフォーマットを活用した「メイキット」の利点になっています。

ゲーム化して一番よかった点は、ルールを記載しておけば、それ以上に制作者が何かをする必要はなく、そのルールに従って誰でも自由に遊べることです。こ

ゲーム タイトル	まちなか発想ゲーム「メイキット」
ゲーム概要	「メイキット」は、まちの中にある「資源」や「魅力」を使って、さまざまな要望が書かれた「まちの声」にこたえるアイデアを発表するゲームです。各プレイヤーが発表されたアイデアを他プレイヤーが一斉に評価。「いいね」を挙げた人が多ければ「成功」、少なければ「失敗」。「やってみたくなった」アイデアをたくさん思いついた人が勝ちです。
内容物	「まちの声」カード 44 枚（うちブランク 12 枚）／「まちの資源」カード 58 枚／「まちの魅力」カード 41 枚（うちブランク 29 枚）／アイデア記録シート／ルールシート
プレイ時間 ／人数	時間：30 分～　人数：4 ～ 6 人（対象年齢：10 歳から）

れまで行っていた「まち遊び」イベントであれば、イベント準備や当日のファシリテーションを行う必要があり、多くの人にまち遊びを届けることは難しくなります。これまでのまち遊びのイベント開催の苦労があったから強く感じることですが、何か伝えたいメッセージがあったとき、ゲームというフォーマットの使用はとても有効な方法です。

ゲームの展開

ゲームの普及活動に関しては、「使いたい人が使いたいときに自由に使ってもらう」というスタンスをとっています。先述した通り、制作メンバーがお金を出し合って増刷をした後は、委託販売というかたちでボードゲームの総合データベースサイトでメイキットを販売しています。誰でも自由に購入することができます。

ゲームの活用法について、ルールの詳細やこれまでの開催事例などはウェブサイト（https://makeit-game.mystrikingly.com）に整理して情報提供を行う体制をとっています。「メイキット」に興味を持った人からの問合せに対しては、できる範囲でノウハウ提供や開催支援を行っています。

現在は私たち制作メンバーのほかにも、「メイキット」を気に入ってくれて全国各地で「メイキット」のイベントを開催するエバンジェリスト（伝道者）のような方もいます。このように、制作者の手から離れて広まっていくことも理想の一つかもしれません。制作メンバーは、活用してくれる方々を陰ながら応援するという状況です。

想定している「メイキット」のターゲット層は次の通りです。

・自治体の総合計画策定等の意見聴取のための活用（実績：奈良市第５次総合計画ほか）

・まちづくり関連の地域コミュニティでの活用（実績：岡崎市、琴平町（香川県）ほか多数）

・学校教育等の教材としての利用（実績：兵庫県立村岡高校、神戸大学Ｖ．Ｓｃｈｏｏｌほか多数）

今後さらに広めていくためには、地道な活動が必要となります。たとえば、地方創生や地域活動に関連した研修を実施する事業会社や、住民からの意見やアイデアを行政に活かしたいと考える自治体、メディアなどとの連携が重要かもしれません。地域コミュニティ向けのゲームであるため、地域とタッグを組んで地方創生事業などに取り組む企業の方の力にもなれるでしょう。興味を持たれた方はぜひご連絡ください。

◉連絡先

machiractive@gmail.com（「メイキット」制作者）

https://makeit-game.mystrikingly.com/（「メイキット」ウェブサイト）

次ページから、ゲーム制作者・ゲーム活用者に自らの取り組みについてご紹介いただきます。ゲーム制作者とは文字通り、そのゲームを制作した人、ゲーム活用者とは、既存のゲームを活用して、まちの課題解決に取り組んでいる人のことです。

SIMULATION熊本2030

和田大志
（熊本県庁）

①ゲームの概要

SIMULATION熊本2030（以下「SIM」という。）は、「対話型自治体経営シミュレーションゲーム」と紹介しているとおり、4〜6人が1チームになって、とある架空自治体の幹部（部長役）となり、2030年までのまちの未来を考え、ギリギリの政策判断をしてもらう内容です。3〜4ラウンドで構成されており、各シナリオの政策選択には対立・ジレンマが組み込まれています。ゲーム形式であっても、身近なテーマで対立・ジレンマを体験することで、まちの未来を考える当事者意識を醸成したり、〝対立を対話で乗り越える〟ことの難しさ・楽しさを体験してもらいたいと思っています。

②ゲームの特徴（こだわり）

SIMで最も大切にしているのは、いかに均等な「対立」を組み込むかという点と、各ラウンドの選択の「連続性」です。前者は「よい対立がよい対話を生む」との考えからであり、後者は「選択によってよくも悪くも未来が変わっていく」という体験をしてもらうためです。

また、SIMは体験するだけでなく、シナリオをつくる方が、自分たちのまちの姿を知ること、迫り来る変化を学ぶことにつながります。そこで、体験された方にはご当地版の作成を推奨しています。そのための支援として体験者にはデータ一式を無償で提供しており、名称の『SIMULATION＋地名＋西暦（数字4桁）』（例：ＳＩＭＵＬＡＴＩＯＮふくおか２０３５）は、全国各地での活用を想定してネーミングしたものです。「ＳＩＭの内容を知りたいのでデータをもらえないか」との相談をよくいただきますが、オリジナル版のＳＩＭのデータ提供は、体験することを唯一の条件としていますので、申し訳ない気持ちでお断りしています。この取り扱いは、オリジナル版を地域ごとにカスタマイズしたご当地版でも同様に対応いただいています。各地の開発者のおかげで、クオリティを落とすことなく、いまや全国45都道府県で開催され、ご当地シナリオは１０７種（２０２1年12月末時点）を数えるまでに広がっています。

③開発の経緯

和田さんのゲーム進行（査定）で、より深い対話へといざなう

元々、メンバーの一人が「２０２5年問題って知ってます？」と話題に出したことが開発のきっかけでした。調べてみると、２０２5年は戦後に生まれた「団塊の世代」が後期高齢者（75歳以上）に突入していく頃で、医療・介護・年金の問題などが想定されていました。こうした問題は厚労省や財務省が中心となって政策を考えますが、自治体の職員としては、地域のコミュニティは存続できているのか、自治会が担っていた草刈りや見守りなどは機能しているのか、そういった身近な政策テーマも考えるべきだと感じました。ただ、市町村職員の方と真面目に「２０３０年問題を考えましょう！」と企画しても面白くないし、集まってくれないと考えて、「だったらゲーム形式にしよう！」と着想したのが誕生のきっかけです。熊本県職員有志の自主活動グループ

2022年11月に商標登録したロゴマーク。SIMの3文字が日本列島を形づくっている。

『くまもとＳＭＩＬＥネット』のメンバー５人で５カ月かけて開発しました。

最近では、「ＳＩＭＵＬＡＴＩＯＮ　ＪＡＰＡＮ　２０５０」という国家版が開発されたり、水道事業に特化した業界ＳＩＭ、模擬投票や画像生成ＡＩと組み合わせたＳＩＭなども誕生しています。また、対象者も自治体職員だけでなく、18歳選挙権を見据えた高校生にも広がり、ＳＩＭを通じた岩手と長野の高校生の交流や、「公共」・「総合的な探究の時間」など高校の授業での活用も始まっています。筆者が研究の一環として、東京都・熊本県内の高校生・中学生５３０人にＳＩＭを体験してもらったところ、政治的有効性感覚（＝自分の行動で、国や社会を変えられると思う気持ち）を高める効果が示され、その後も定着しやすいことが確認されました。この実証分析の詳細は拙稿(和田２０２３)にまとめていますので、全国調査レポート(和田２０２２)と併せて、ＳＩＭの活用を検討されている方にぜひご覧いただきたいです。

④連絡先（ＵＲＬ等）

simkumamoto2030@gmail.com

ＳＩＭ全国調査レポート（和田２０２２）

ＳＩＭ実証分析論文（和田２０２３）

ゲーム制作者

野生動物との共生を考える鳥獣対策ボードゲーム

今井 修
（PineTree）

①ゲームの概要

国内の中山間地域を中心に、さまざまな野生動物による鳥獣被害が多発し、近年では都会に野生動物が出現したというニュースも流れています。農業生産者の立場から見れば、せっかく育てた生産物に被害が生じることとなり、すぐに捕獲などによる直接対策を求めることになります。一方、研究者によると、被害を及ぼしている野生動物は皆、頭がよいため我々の社会に近づき生活しており、その結果として軋轢が生じていると理解する必要があるとのこと。

そこで、我々のチームでは、鳥獣対策の担当者にこの軋轢の原因に気づいてもらい、対象となる野生生物の生態を理解した上で住民を巻き込んで対策を考えてもらえるようなゲームを三種類開発しました。できあがったゲームは、農水省鳥獣対策研修会、自治体研修会、ＮＰＯ、学校で使用

されています。

②ゲームの特徴（こだわり）

イノシシ対策ゲームは、七尾市能登島（石川県）を対象に、イノシシを見つけ出し捕獲するゲームです。盤上で、イノシシのいる場所はわかりませんが、移動する度に餌を食べていくことで、それを手がかりに住民とハンターが協力して、イノシシを探します。住民のいる場所に餌があったり、イノシシしか通れない獣道を盤上に設定することで、イノシシの生態に関する人々の理解を深めます。

次に、都会の人にはカラス被害が身近でわかりやすいことから、カラス対策ゲームを作成しました。カラス対策は、カラスを捕獲しても効果が薄い点が特色です。カラスは住民のゴミを餌として食べ増えていきます。住民が、時間をかけてゴミを減らしカラスの餌を減らすことで、カラスの数を環境容量の範囲内に収めることを理解してもらうゲームです。

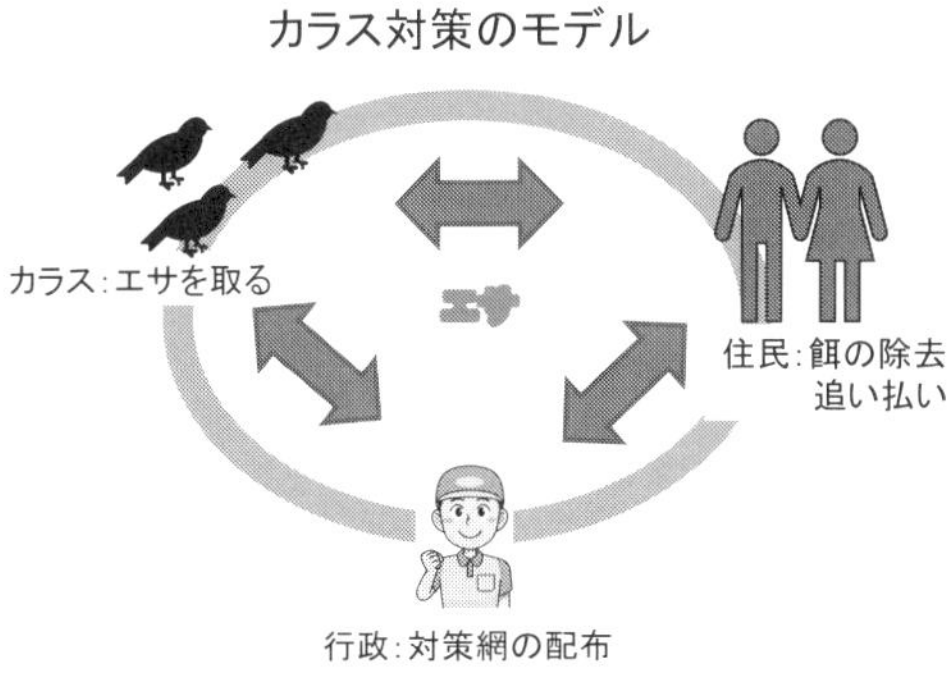
カラス対策のモデル
エサ
カラス：エサを取る
住民：餌の除去
追い払い
行政：対策網の配布

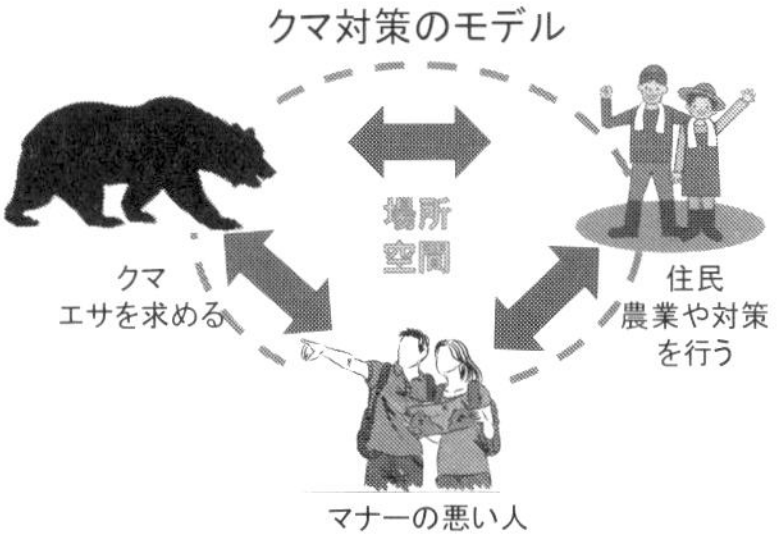
クマ対策のモデル
場所
空間
クマ
エサを求める
住民
農業や対策
を行う
マナーの悪い人

最後に開発したのが保護動物であるクマ対策のゲームです。このゲームではクマを捕獲せずに共生を考えるゲームとしました。クマの写真を撮影しようとペット感覚で餌を播く人がいることを知り、「マナーの悪い人」をゲームの要素に入れました。マナーの悪い人の播く餌を、クマより先に住民が除去し、人馴れさせないモデルです。クマもイノシシと同様に餌を求めて行動します。しかし、餌がなければクマは人間の空間に近づくことなく、共生を実現できるというのが、このゲームのメッセージです。

③開発の経緯

我々が考えたのは、野生動物から見た我々の暮らし方の課題を人々に伝えることでした。開発に際しては、必ず専門家と組んで学びの内容を検討しています。参加者には、ゲームとして楽しむだけではなく、鳥獣対策について学ぶとともに、当事者意識を持ってもらうために、対象地域の実際の地図を台紙に使うこととしています。

さらに、シリアスゲーム全体に言えることですが、ゲームの「振り返り」を重視しており、これにより気づきを学びとして定着させ、ゲーム後の具体的行動に結び付けることができると考えています。

④連絡先

pine.tree.gamedu@gmail.com（任意団体Ｐｉｎｅｔｒｅｅ代表・松木崇晃）

ゲーム制作者

公共施設マネジメントゲーム

関口洋輔
（さいたま市役所）

①ゲームの概要

「公共施設マネジメントゲーム」は、プレイヤーが市役所の経営陣になって、限られた財源の中で、公共施設の新設、廃止、複合化など、どのような公共施設のマネジメントを行っていくのか、市役所運営のジレンマを疑似体験するボードゲームです。

公共施設マネジメントゲームは、公共施設の統廃合を検討する市民ワークショップなどの場で使用することを想定して開発しました。残念ながらそのような場面での活用は実現していませんが、もうちょっと前段階となる、市全体の公共施設の検討ワークショップの場や、公共施設問題を考える市町村職員の研修の場で活用いただいています。

②ゲームの特徴（こだわり）

公共施設マネジメントゲームは、架空の市を題材として、公共施設の再配置計画を策定することを目指して進められていきます。

少子高齢化の進展や、社会福祉費の増加に伴う財源不足など、架空の市を取り巻く社会情勢の変化に対応して市の運営を行うため、プレイヤー同士で相談しながら、小学校や公民館、図書館などの公共施設を表す「施設カード」、施設の利用者を表す「高齢者コマ」や「子どもコマ」、施設の維持経費を表す「コストコマ」

を動かしたり新たな施設カードを利用したりして、施設の再配置計画を考えていくゲームとなります。

開発者として一番こだわったのが「ジレンマ」です。公共施設の老朽化問題では、よく「総論賛成・各論反対」という言葉が出てきます。古い公共施設がたくさんあって、現状どおり施設を維持し、建替えを行っていくにはお金がかかるが、少子高齢化が進む中でこれまでどおりの予算を公共施設に割り振ることは困難であるという「総論」に対して、今まで利用していたこの施設がなくなってしまったり、遠くに行ってしまったりするのは困るという意見が「各論反対」です。

予算という全体のパイが縮小する中で、施設を現状維持しようとすれば、その分は福祉などほかの分野の予算を削ることになる。だからといって施設を集約化すれば市民サービスの低下につながる。あちらを立てればこちらが立たずとなる「総論賛成・各論反対のジレンマ」を体験してもらうことが、公共施設マネジメントゲームの開発意図なのです。

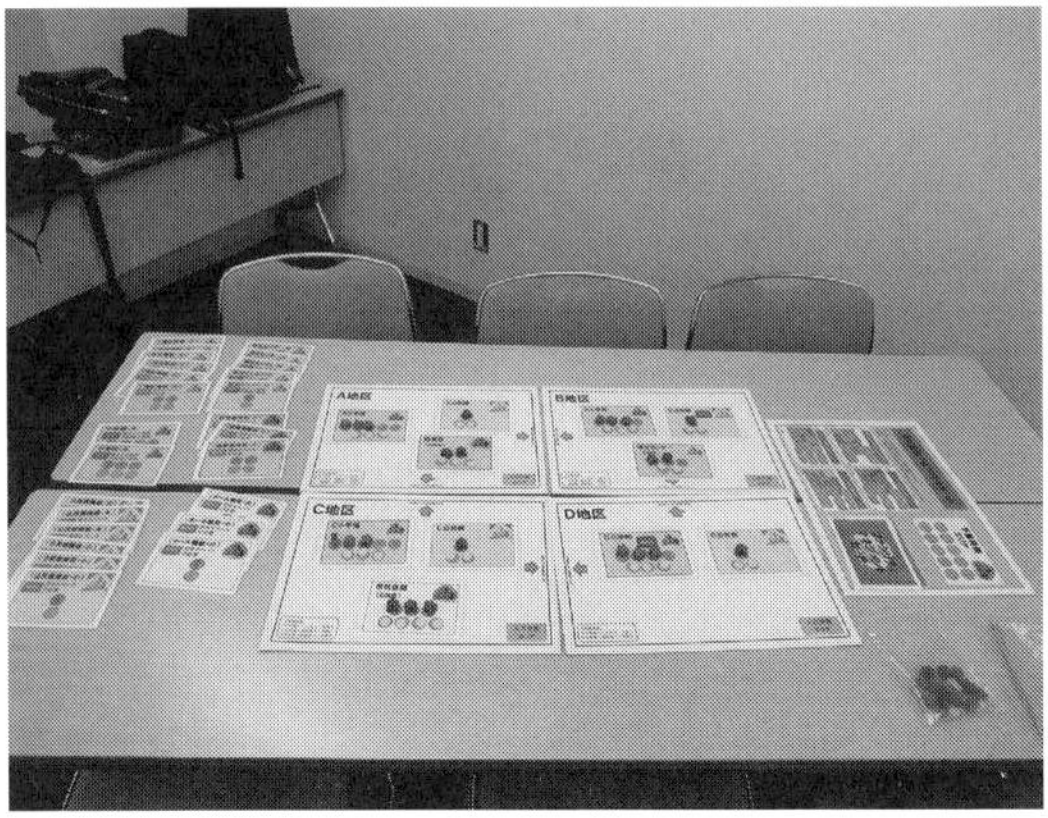

公共施設マネジメントの理解が深まる

③開発の経緯

さいたま市では、2012年6月に「さいたま市公共施設マネジメント計画」を策定しましたが、その策定当初から一番大きな課題として挙がっていたのが、「総論賛成・各論反対」問題でした。

さいたま市の公共施設マネジメント計画では、このような「総論賛成・各論反対」に向き合い、施設の複合化・集約化に向けた市民との合意形成を図っていくこととしており、実際に老朽化の進んでいた小学校を題材とした市民ワークショップを開催しました。しかし、先進事例視察など参加者の共通理解を得ることに手間と時間をかけた結果、全体で2年もの期間を要してしまいました。このようなこともあり、ワークショップにおいて公共施設マネジメントの課題を短い時間内でわかりやすく説明できるツールとして考えたのが「ゲーム」でした。

ゲームであれば、施設・利用者・財源・高齢化といった複雑に絡み合う公共施設マネジメントの課題を、ゲームのルールとして簡略化して表現することができます。特に、「総論賛成・各論反対のジレンマ」をうまくゲームに表現することができれば、その後の合意形成につながっていくかもしれない。しかも、楽しいゲームがつくれれば、アイスブレークとしても活用でき、ワークショップの円滑な進行にも役立てられるのでは――。こうした経緯で、「公共施設マネジメントゲーム」を開発することとなったのです。

ゲーム活用者

SIMULATION2030

今村 寛
（福岡地区水道事業団（福岡市役所より出向））

①SIMULATION2030の魅力

すでに始まっている近未来の「人口減少社会」と「超高齢社会」の中で、決して逃れることのできない「税収減」と「社会保障費の増」。こうした厳しい制約条件が課せられる自治体の財政運営を、誰でも遊び感覚で体験できるシミュレーションゲーム「SIMULATION2030」。

なんといってもこのゲームの秀逸なところは、限られた資源を配分して政策を実現する「選択と集中」を肌で体感できるところです。ゲームでは、強制的に配分資源が目減りしていく中で確実に取捨選択の判断を迫られるという逃げ道のないルールが厳然とあり、「ない袖は振れない」という現実の財政運営の厳しさを体感することができます。

もう一つの魅力は、その資源配分を「参加者全員の対話」で決めていくプロセス。ゲームでは、施策の取捨選択は、各施策部門の長（部長級）で構成される経営会議で決定されますが、限られた時間と限られた情報だけで、全員参加の対話で結論を得るというのは、相当な意思疎通能力、すなわち「語る力」と「聴く力」が必要になります。普段そういう場に居合わせない方々にとっては恰好の訓練の場です。

さらに、私たち公務員は、内部の関係者で議論を進める中でつい「外からどう見えるか」という視点を忘れがちです。このゲームでは「政策判断に対する対外的な説明責任」が求められ、十分な説明責任が果たされていないとチーム外の評価者から判断されればペナルティが課せられるルールとなっています。私たちが自治体経営で直面する厳しさが体感できて非常に面白いですね。

②活用手法（こだわり）

このゲームに初めて出会った２０１４年当時、福岡市で財政調整課長として自治体の予算編成を担当していた私は、「要るものは要る」という現場の切実な声と「ない袖は振れない」という厳しい台所事情の折り合いをつけるのが職務。限られた財源を効果的に活用すること、またその合意形成の困難さに直面していました。

熱く、ユニークな語り口で財政について講義する今村さん

その困難を乗り越えるために２０１２年から私が取り組んでいたのが、職員向けの財政出前講座でした。財政健全化に取り組む理由やその方策について各職員、職場に理解してもらうために、職場の要請に応じて財政調整課長である私自らがその場に出向き、市の財政構造、現状、将来見通しを説明する対話型の講義です。

この講座は、２０１３年９月以降、他の自治体職員への講義へと広がっていきました。座学の講義としてはかなり完成度が高かったのですが、机上の理論と予算編成の実務の溝を埋める具体的な合意形成手法への言及が足りないという課題がありました。これを解決してくれたのが「ＳＩＭＵＬＡＴＩＯＮ２０３０」だったのです。

③効果・反応・反響

全国で好評を博し、ほぼ毎月出講依頼のある引く手あまたのお化け講座に成長した「出張財政出前講座　ｗｉｔｈ　ＳＩＭＵＬＡＴＩＯＮ２０３０」では、まず財政出前講座の前半部分で自治体の財政構造の現状や将来見通し、財政健全化の必要性について基礎的な情報をインプットします。そこから「今、学んだことを体験してみましょう」とゲームを挟み、１２０分たっぷり脳みそに汗をかいてもらったところで「今、体験したことが財政健全化の取り組みなんですよ」と振り返ります。

講座の真ん中にゲームを挟むこのサンドイッチ方式によって、座学で得られる知識に加え、我々財政を本業としている者が常日頃感じている「選択と集中」の難しさ、その合意形成における「対話」の難しさ、導いた結論について対外的な「説明責任」を果たすことの難しさなど、自治体経営の根幹にある困難な要素について、ゲームでの仮想体験を通じて「共感」してもらうことができます。その過程で財政部門以外の職員や市民、議員など、参加者それぞれの経験や立場を超えた共通の理解が進むのです。

このとんでもないお宝と出会ってしまったことで、全国各地にこのお宝をお届けすることになった私の人生も一変してしまいました（笑）。この奇跡のマリアージュに感謝したいと思います。

④連絡先

Facebook：http://www.facebook.com/hiroshi.imamura.50

Note：https://note.com/yumifumi69

ゲーム活用者

U氏、A氏、S氏
（名張市役所福祉子ども部地域包括支援センター）

コミュニティコーピング

①コミュニティコーピングの魅力

まず、ゲームということで、参加がしやすいですし、楽しさなくして参加はないと実感しています。「ゲームをするので一緒にやってみませんか？」とお誘いすることで、ハードル低く参加しやすく、地域住民を巻き込みやすくなっています。

ゲームの中に登場する事例は、我が事として考えられるケースが多く、支援者として自身のケースと照らし合わせて考えることができます。自分の住んでいる地域はリアルにこういうことが起こっていると、現実として受け止めて考えられるのも、このゲームの魅力です。福祉関係者が行う事例検討の場合、一つの事例に対して限られた関係者と考えるのが常ですが、このゲームはいろんな分野の地域の人々が「この課題ってどうしたらいいんだろう」と捉えられるのがよい仕組みと思っています。

コミュニティコーピング（以下、「コミュコピ」）は、認定ファシリテーター養成研修をもとに、質を保ちつつ、体験機会を広げるための仕掛けもあります。開発者しかファシリテートができないのではなく、養成をしっかり仕組みに組み込んでいるのがありがたいです。自分たち自身が認定ファシリテーターとして実際に体験会の場を回すのは当初は苦手意識もありましたが、どうしたらうまく話を聞けるか、といった気づきも多く得られ、その姿勢は仕事にも活きています。

②活用手法

支援を必要とする人々への伴走支援を行うにあたり、保健師や社会福祉士、ソーシャルワーカーなど職域を超えて「リンクワーカー」を養成することを目指して、2020年度より研修を実施しています。そうした中でゲームの存在を知り、まずはオンラインでコミュコピ体験を研修に導入しました。

解決能力 住まい・生活 Lv.2
名張の
民生委員さん
自らも地域住民の一員として、担当区域において行政をはじめ適切な支援やサービスへの「つなぎ役」としての役割を果たすと共に、高齢者や障がい者世帯の見守りや安否確認など、地域に欠かせない存在です。

解決能力 人間関係 Lv.2
配食ボランティア
○○○○さん
地域の見守りをしながら高齢の方をはじめ、調理ができなくて不自由している人に温かくて栄養満点！
美味しいお弁当を届ける配食サービスです。

オリジナルカードの導入でもっと名張らしく、身近に

2021年度以降は、専門職だけでなく、地域住民や若い層にも楽しく広めていくため、地域包括支援センターおよび、そのブランチとして市内15か所にある「まちの保健室」スタッフや社会福祉協議会などを対象に、コミュコピの認定ファシリテーター養成研修を実施しています。「まちの保健室」は、介護福祉士、社会福祉士、看護師などが在籍し、全世代型地域包括ケアシステムを支えるまちの拠点です。認定ファシリテーター養成研修は、2021年度は14人、2022年度は40人が参加し、修了生は、これまで市内約13か所において計150名ほどの住民と一緒に体験会を実施しています。

地域で実施する中では、自分たちの地域のオリジナルとして「配食ボランティア○○○○さん」「まちの保健室△△さん」など、実際の地域資源をもとにしたカードをつくり、それを使って体験会も実施しています。地域単位、小学校区

でやると、密着した顔の見える範囲でコミュコピができ、絆が深まることも魅力と感じています。地域にこんな職業の人がいる、こういう助け合いがある、というのを地域の人と共有するツールとしても活用しています。

③効果・反応・反響

コミュコピを地域単位で活用することで、縦割りや世代交代の中でなかなか関わりの少なかった人同士で、地域を知り、お互いの距離を縮めることに役立っています。地域の役員の座談会などでコミュコピを体験してもらうと、我々はともに地域を支援している仲間だよね、と気持ちが一つになっていく様子が見られます。地域で活動する人々をもとにオリジナルカードをつくることで、地域での活動を応援しているというメッセージを伝えることもできています。

また、商工会議所の女性会から声がかかって体験会を実施するなど、福祉関係ではない人たちにも地域について知ってもらう機会ともなっています。ゲームでは、福祉職だけでなく、みんなが活躍できる。ゲームに登場する「おばちゃん」カードのように、一人ひとりが活躍できる。そんな気づきを寄せてくれる方も多く、自分や現実の社会と照らし合わせながら体験できて、それぞれの心に響きやすいゲームだなと感じています。

④連絡先

ゲームに関するお問合せは、ゲームの開発及び提供を行っている一般社団法人コレカラ・サポート
(https://koresapo.net/) までお願いします。

※インタビューをもとに書き起こしました。
※2023年2月時点の情報です。

第Ⅰ部のまとめ

第Ⅰ部ではシリアスゲームの効用や活用方法を紹介した上で、五つのシリアスゲームについての概要や開発経緯を紹介しました。

ゲーム活用の利点は、社会課題に対するメッセージを効果的に伝えられることとです。ゲームという形式は、参加者にプレイヤーとしての主体的な関わりを求めるために学習意欲を高めやすく、複雑な概念の理解も促しやすいという特徴があります。加えて、ゲーム中もしくはゲーム後の振り返りにおけるコミュニケーションによって、参加者同士の対話を通した学びを提供することもできます。

ゲーム活用のもう一つの利点は、参加者同士の交流をもたらすことです。立場が異なり、これまで接点がなかった人同士であっても、交流をしながら、特定の社会課題について考える場を提供することができるのがシリアスゲームです。たとえば、ある地域の魅力を考えるとき、その地域に住む人の意見も重要ですが、他地域に住んでいる客観的な立場の人の意見を聞きたいこともあります。そうしたときに「地域の魅力を掘り起こす」というゲームをつくってゲーム体験イベントを実施すれば、ゲームそのものに興味を持ったさまざまな地域に住む人を集めることができます。ネットワーキングやコミュニティづくりを期待して、ゲームを活用していくこともできます。

ゲーム名	ゲーム制作者	ゲームの提供方法・普及方法			
		ワークショップ（対面）	ワークショップ（オンライン）	一般販売	ファシリテーター制度
コミュニティコーピング	一般社団法人「コレカラ・サポート」	○	○	×	○
メイキット	任意団体「まちラクティブ」	○	○	○	×
SIMULATION2030（SIM）	個人	○	○	×	×
鳥獣対策ボードゲーム	任意団体「Pine Tree」	○	×	×	×
公共施設マネジメントゲーム	個人	○	×	×	×

ゲームの開発経緯

シリアスゲーム制作の開発経緯はさまざまです。ただ、2章で紹介した事例の共通点としては、制作者自身が社会課題に関わる業務や活動をしていることが挙げられます。制作者の具体的な業務経験や体験に基づいて、ゲームの主題やコンセプトがつくられることはよくあります。たとえば、対話型自治体経営シミュレーションゲーム「SIMULATION2030」の場合は、自治体職員の方が自治体の政策選択の対立やジレンマを体験するゲームをつくっています。実際の業務内容や課題感に基づいてゲームを制作することで、社会課題の理解を深めながら、ゲームにリアリティを生みだすことができます。

日常業務を振り返ることや、自身の課題感を深堀りしていく中で、ゲームを通して自分が伝えたいことが見えてくるかもしれません。ゲーム制作を進めることは「ゲームを通して誰に何を伝えたいのか」を明確にしていくプロセスでもあります。伝えたいことを深堀りして具体化していくことが重要です。

ゲームの提供方法

ゲームづくりを進める中でゲームの提供方法を想定・検討しておく

と、ゲームの活用方法が具体化されていきます。ここでは、2章で紹介したゲームを参考に、四つの提供方法に整理して紹介します。

一つ目はワークショップ（対面）の開催です。ワークショップの開催や講師派遣の依頼に基づいて、オンデマンドでゲーム体験会を提供する方法です。ゲーム制作者がゲーム体験会を行うことで、ゲーム開発に至った背景やゲームの振り返りの場を提供することができるため、ゲームを通して得られる学びの質を担保することができます。

二つ目はワークショップ（オンライン）です。アナログゲームだけでなく、オンライン版のゲームをつくっている事例もあります。オンラインでゲーム体験ができる状態にすることで、場所の制約なくゲーム体験の機会を提供することができます。

三つ目はゲームを一般販売する方法です。委託販売という形式をとれば、販売業務を自分で行う必要はありません。大手のオンライン販売サイトを活用することもできます。加えて、ボードゲームを専門に扱うオンライン販売サイトもあります。ゲームを店舗やインターネット上で販売できれば、興味を持った人が自由にゲームを購入することができるため、多くの人にゲームを通した学びを届けることができます。

四つ目は、ファシリテーター制度の導入です。すべてのゲーム体験会をゲーム制作者が行うと、時間もかかり、提供できる範囲や開催数にも限りがあります。ファシリテーター制度を導入することで、ワークショップ開催を担える人が増えるために、ゲーム体験会の質を担保しつつ、多くの人にゲームの体験機会を提供することができます。

ゲームの普及方針

2章で紹介したゲームは、それぞれのゲームの普及方針によって提供方法が異なります。制作者が会社員や公務員であると、実際のゲームの普及に時間をかけることができないことがあります。オンデマンドの依頼に応えていくことができる場合は、ワークショップ形式でゲーム体験会を行うことになるでしょう。加えて、「誰もが自由に使ってほしい」というコンセプトであれば、一般販売もあわせて行うとよいでしょう。

ゲームの普及活動に十分な時間がかけられる場合は、ファシリテーター制度を導入してゲームの普及を推進することも有効です。ただ、制度運用のマネジメント業務も発生するために、ファシリテーター制度を運営・維持していく業務や工数を見込んで普及活動を進める必要があります。

シリアスゲームの普及の意義

シリアスゲームが世の中に普及していくことの意義、即ちゲームを普及することの創出価値とは何でしょうか。ゲームのコンセプトやルールを考えることはとても大事なことですが、ゲームをつくった後にゲームをどのように展開させていくか、ゲームの展開を通して何を達成したいかを考えておくことは重要です。といっても、この部分はなかなか想像しにくいものです。ゲームの普及がもたらす創出価値について、具体的に2点を挙げて説明します。

一つは、「複雑な社会課題の理解や議論の支援」です。先述したように、ゲーム提供を通じて、研修、教育・普及、意見聴取・施策立案などのかたちで、自治体、学校機関、企業などさまざまな立場の人たちを支援することができます。特に支援をしたい人たちは誰なのか。その人たちのどのような課題解決を支援したいのか。具体的にゲームを使ってほしい人の顔を思い浮かべながら、ゲームの普及・展開を考えていくと、ゲームの提供価値が明確になっていきます。ゲームを使ってほしい人のことを想像することは、ゲームづくりにおいて重要です。

もう一つは「コミュニティ形成」です。ゲームの開催を重ねていき、一つのゲームが世の中に広がることで、特定の社会課題に興味・関心のある人同士を結びつけることができます。そこで形成されたコミュニティは貴重です。たとえば、「コミュニティコーピング」では超高齢社会のテーマを扱っていますが、「コミュニティコーピング」の普及を行って、超高齢社会に興味を持つ多様な人たち（公務員、介護士、ケアマネージャー、生活支援コーディネーター、診療医など）を集めて、交流の場をつくっています。そして、「コミュニティコーピング」経験者あるいは認定ファシリテーターなどの共通部分を持つ人たちのコミュニティが全国に広がっています。地域の課題を解決していくことは一筋縄ではいかないことが多いですが、具体的な地域の課題に関心を持った人たちがつながっていくことは、課題解決を進めていく上での第一歩です。ゲームを通じて形成されたコミュニティで、具体的な社会課題について意見交換をすることや、何かの取り組みを始めることもできます。課題解決のための一歩を進めることができるという点に、コミュニティ形成の価値があります。

第Ⅰ部ではシリアスゲームの活用方法や活用事例を紹介しました。第Ⅱ部は、実際にどのようにゲームづくりを進めていくかを見ていきましょう。

第Ⅱ部

実践編：シリアスゲームのつくり方

3章 シリアスゲームのつくり方

シリアスゲームのつくり方

本章では、いよいよシリアスゲームのつくり方を見ていきます。紹介する内容は、千葉商科大学での「シリアスゲームデザイン」の講義内容からエッセンスを抽出したものです。ゲームをつくるプロセスを全6ステップに分けて、シリアスゲームをつくる上での基本的な流れと、押さえておきたいポイントを整理しています。

実際にゲームづくりを進めていく上で、考えを整理するために穴埋め形式のワークシートを用意しています。こちらは、次のウェブページにて限定的に公開していますので、よろしければぜひダウンロードしてご活用ください。

https://www.koshokuken.co.jp/publication/autonomy/20230428-725/

※パスワード：sg2023

本章で紹介する手順は、伝えたいことをゲームに落とし込むための方法です。

シリアスゲームは、メッセージを伝える媒体です。ゲームを体験した人にどうなってほしいのか。何を知ってほしいのか、何を考えてほしいのか、体験する前と比べてどのような変化が生まれたらよいのか。単なるボードゲームではなくシリアスゲームをつくるからには、「楽しかった」で終わるのではなく、ゲーム体験を通してプレイヤーに何かしらの変化を期待しているはずです。本書では、そうした目的を実現するために考える手順を整理することを試みています。

逆に言えば、楽しく遊ぶだけのゲームをつくりたい場合には、意識しなくてもよいポイントばかりとなっています。どのような「体験」を設計したいかということを先に定めて、それをゲームに落とし込んでいくにはどうしたらよいか、といった観点から記述していますので、本書のスタンスを踏まえた上で読み進めていただくことをおすすめします。

シリアスゲームづくりに必要な六つのステップ

本章で紹介するのは、次の6ステップになります。

ステップ1：社会課題の構造化
ステップ2：「テーマ」と「メッセージ」の設定
ステップ3：「体験」の設計
ステップ4：「場面」の設計
ステップ5：プロトタイプの作成

ステップ6：テストプレイの実施

大学生を対象にした授業では、関心のある社会課題を選び、リサーチを行うところから始めます。本書でも、ステップ1では、「社会課題の構造」を把握する手順を記載しています。読者の中には、取り上げたい社会課題についてすでに詳しい知識を有する人も少なくないと思われます。しかし、メッセージを設定するにあたって整理しておきたいプロセスですので、読み飛ばさずに進めることを推奨します。最も重要なプロセスはステップ2「テーマとメッセージの設定」です。ここでは、「誰が」「誰に」「何を」伝えたいかというゲームの中心的な考え方を明確にします。

その整理をもとにステップ3、4を通して、プレイヤーの体験やゲームの世界観を設計していきます。いきなりルールづくりに着手するのではなく、メッセージを伝えるためにはどのような「体験」が必要となるか、ゲームではどのような「場面」を設定するか、といったことを考えていきます。

その上で、いよいよステップ5では、無地のカードなどを用いて手づくりで「プロトタイプ（試作品）の作成」に取り掛かります。ここでようやく、考えてきたことをゲームとして遊べる状態に落とし込んでいきます。

大学の授業と同様に本書でも、プロトタイプを作成して終わりではなく、実際にほかの人に遊んでもらう「テストプレイ」を行い、そこで得られた意見をどのように改善に取り入れていくか、というところまでステップ6で取り扱っています。

考えたことがかたちになる楽しさ

全6ステップに沿って考えを整理していくことで、ゲームをつくることができるようになっています。ただし、簡潔に記載されているような箇所であっても、一つひとつは奥深く、実際に手と頭を動かしていく中では苦労する場面も多々あるはずです。その分、悩んだり、議論したり、その過程がシリアスゲームの深みをもたらしてくれます。考えたことがかたちになる楽しさをぜひ味わいながら、粘り強く取り組んでみてください。

ステップ1：社会課題の構造化

あなたはどのような社会課題を扱ったゲームをつくりたいですか。エネルギー問題、地球温暖化、防災・防犯、地域活性化、教育、高齢者支援。社会課題に関連したゲームをつくることができれば、ゲームを通して特定の社会課題の知識を伝えたり、興味関心を高めることができます。では、あなたはその社会課題の何について伝えたいですか。たとえば、地球温暖化の問題を伝えたいと思ったときに、地球温暖化のどの部分を伝えたいでしょうか。地球温暖化が私たちの生活にどう影響するかを伝えたいのか。あるいは地球温暖化の多様な原因を掘り下げて伝えたいのか。ゲームの中での社会課題の扱い方や、ゲーム体験を通して伝えたいことを明確にしていくための準備として、その社会課題の問題や原因について理解を深めることが重要です。

ステップ1では、社会課題の問題や原因を深堀りしていく上での観点を紹介します。その上で、対象とする社会課題のうち、あなたが取り上げたい問題・原因を具体化し、言語化していきます。それらの整理をした上で、社会課題に対する自分なりの「意見」や「問い」を考えてみましょう。その「意見」や「問い」がゲームを通して伝えたい「メッセージ」につながっていくはずです。

ステップ１　社会課題の構造化　進め方概要

問題と原因の把握

ステップ1-1：問題の把握

・誰がどのような問題を抱えているのか

・なぜその問題を解決しなくてはいけないのか

ステップ1-2：原因の把握

・どのような過程で問題が引き起こされるのか

・原因に関わっているのは誰か

自分なりの「意見」や「問い」

ステップ1-3：自分なりの「意見」や「問い」

・社会課題の問題や原因の中で、大事だと思うことは何か

・どのような情報が整理できたらその重要性を伝えられるのか

問題の把握	誰がどのような問題を抱えているのか	
	なぜその問題を解決しなくてはいけないのか	
	疑問：もっと知りたいと思ったこと	

ステップ1―1：問題の把握

社会課題を掘り下げていく上での最初のステップは「問題の把握」です。具体的には以下の2点を考えてみましょう。

・誰がどのような問題を抱えているのか。
・なぜその問題を解決しなくてはいけないのか。

たとえば、社会課題として食品ロスを取り上げたとします。「誰がどのような問題を抱えているのか」についてよく考えてみてください。これを考える上での一つの方法は、自分の普段の生活から考えてみることです。生活の中の食事のシーンから連想すれば、「スーパー・小売店の食品ロス」「飲食店の食品ロス」「家庭の食品ロス」など、問題が起きている場所を整理することができます。また、関連情報をウェブサイトや書籍からリサーチすることも重要です。スーパー・小売店の食品ロスの食品廃棄量や一般家庭で生じる食品廃棄量などの具体的な数字がわかると、起きている問題を具体的に把握することができます。「国民一人あたりの食品廃棄量は年間41kgである」といった数値情報を得て整理していくことも重要です。

次に考えてほしいことは、「なぜその問題を解決しなくてはいけないのか」です。ここ数百年、数千年の人類の歴史の中でも食品ロスは生じてきたはずですが、少

原因の把握	どのような過程で問題が引き起こされているか	
	なぜその問題が起こっているか	
	原因に関わっているのは誰か	
	疑問：もっと知りたいと思ったこと	

し前の時点では食品ロスはそれほど問題にはなっていなかったはずです。なぜ今になって食品ロスに取り組まなくてはいけないのかという意見もあるかもしれません。解決しなくてはいけない理由は何でしょうか。環境問題の観点から、食料の輸出入に関わるエネルギー消費やごみ燃焼の際に排出される二酸化炭素、焼却後の灰を埋める土地の問題に食品ロスが影響するという主張があります。飢餓撲滅の観点からは、世界の食品生産量を考えると、現時点で十分に食料が供給されている人の食品廃棄物を減らすかたちで食料の最適分配を目指すことが重要であるという意見もあります。環境問題の観点で食品ロスを捉えたゲームと、飢餓撲滅の観点で食品ロスを捉えたゲームでは方向性も変わってきます。なぜその問題を解決すべきかという問いをもとに、自分が対象としたい社会課題を掘り下げていきましょう。

ステップ1―2：原因の把握

問題の把握の次のステップは、「原因の把握」です。具体的には以下の2点を考えてみましょう。

- **どのような過程で問題が引き起こされるのか。**
- **原因に関わっているのは誰か（国・自治体、企業、地域団体、市民**

	生産	製造	配送	販売等	消費
誰が関わっているか	農林漁業者	食品製造業者	卸売業者	小売り業者 外食事業者	消費者
食品ロスの発生要因	・取れすぎ ・規格外商品	・製造過多 ・パッケージ印字ミス等の廃棄	・食品製造業者への返品（売れ残り、パッケージ破損）	・売れ残り ・食べ残し	・使い忘れ ・食べ残し

等）。

食品ロスは、どのような過程で引き起こされるでしょうか。このステップでは自分だけの知識や考えだけでは整理できないことも多いために、ウェブサイトや書籍などで調べてきた情報を整理するという方法が有効です。今回の場合では、消費者庁の「食品ロスガイドブック」の情報をもとに、上の図のようにまとめることができます。生産者から消費者まで食品供給の一連の流れを押さえた上で、食品ロスの発生要因の情報を整理することで、食品ロスの全体像を理解することができます。

また、社会課題の原因に関わっている人を挙げておくことも重要です。具体的には、農林漁業者、食品製造業者、卸売業者、小売業者、外食事業者が関わって、消費者である私たちに食品が届くという事実は、社会課題を理解する上で重要な知見です。

このステップで整理した「原因の把握」は、自分が対象にしたい社会課題の内容を具体化していく上で有用な情報になります。社会課題の原因を掘り下げることができれば、社会課題が起こる上でどのプロセスに注目するのか、どのような原因に注目するか、とゲームの中で特に取り上げたい部分を自分の言葉で言語化することができているはずです。

自分なりの「意見」「問い」	大事だと思うことは何か	どのような情報が整理できたらその重要性を伝えることができるか
	1.	
	2.	
	3.	
	4.	

ステップ1―3：自分なりの「意見」や「問い」

問題と原因の把握の次のステップは、自分なりの「意見」や「問い」を整理することです。具体的には以下の2点を考えてみましょう。

・大事だと思うことは何か。
・どのような情報が整理できたら、その重要性を伝えることができるか。

これまでに、社会課題の問題や原因を把握するためのポイントを説明しました。次のステップは自分なりの「意見」や「問い」を持つことです。問題や原因を深掘りする中で、あなたは特に何が大事だと思ったでしょうか。先述したように、食品ロスを環境問題の点から捉えることと、飢餓撲滅で捉えることではゲームの中で扱う情報やゲームの中での伝え方も異なります。自分なりの意見や問いを持つにあたって二つのアプローチを紹介します。

一つのアプローチは、身近な問題を掘り下げていくことです。たとえば、飲食店の食品ロスを調べていくうちに、飲食店の経営には食品ロス削減のマネジメントが重要だと知って、次のような意見を持ったとします。

●**【自分なりの意見・問い】**飲食店経営に食品ロス削減のマネジメントが重要だと知った。売上げだけでなく食品ロス削減の取り組みや環境配慮をする飲食店が評価されて、消費者に選ばれるような社会になったらいいな。

自分なりの意見がまとまったら、どのような情報を整理すれば、自分の意見の重要性を伝えることができるかを考えてみてください。たとえば、「飲食店の食品ロスマネジメントのマニュアル」「飲食店の業績評価に関する情報」「食品ロスのリサイクルプロセスの取り組み」などの情報が整理されていれば、飲食店の食品ロスマネジメントの取り組みや重要性は伝えられるでしょう。

もう一つのアプローチは、社会課題の本質的な部分や原因に対して問いを立てることです。たとえば、食品ロスと飢餓撲滅の関係性を調べていく中でさらに深掘りをして、食品ロスをなぜ解決しなくてはいけないかについて疑問を感じて、以下のような意見を持ったとします。

●【自分なりの意見・問い】世界で飢餓に苦しむ人がいることを受けて、「食品ロスを減らすことが重要だ」と言っている人がいるが、その関係性はどうなっているか。そのロジックは伝わっているのか。

自分なりの問いを立てることができたら、どのような情報を整理すれば自分の意見の重要性を伝えることができるかを考えてみてください。たとえば、「食品ロスを意識して行動する人がどのくらい増えたら、どのくらい食品ロスが減るのか」「食品ロス減に取り組む店が消費者に選ばれる社会になれば、どのくらい食品ロスが減るのか」「社会の食品配分や物流が最適化されたら、どのくらい飢餓になる人が減るのか」などの情報が整理されていれば、ある程度の仮定や想定をもとにして食品ロスと飢餓の関係性を伝えられるでしょう。

繰り返しになりますが、ある社会課題のことを伝えたいと思ったときに、社会課題のどの部分を伝えたいのかを考えることが重要です。ここで紹介したステップにもとづいて社会課題が深掘りできると、対象とする社会課題の中でどの部分をどのような情報を用いてゲームの中で扱うのかが見えてくるはずです。

次のステップ2以降では、社会課題の問題や原因について深掘りした内容をもとにして、あなたがゲームを通して伝えたいメッセージを明確化していきましょう。

ステップ2：「テーマ」と「メッセージ」の設定

社会課題に対する調査結果をまとめたら、ゲームの中心となる「テーマ」と、プレイヤーに伝えたい内容である「メッセージ」を設定しましょう。このステップは、ゲーム制作過程の中で最も重要なプロセスです。なお、ステップ1で実施した調査については、この先も必要があれば追加で調査や整理を行って補足してください。

「テーマ」は、ゲームにする社会課題を決定します。一方、「メッセージ」は、「誰が」「誰に」「何を」伝えたいかというゲームの中心的な考え方を定めるものです。

「メッセージ」を考える上で最も重要なのは「誰が」です。同じ内容でも発言する人の背景によって大きくニュアンスが変わり、ゲームの形に大きく影響を与えます。たとえば、特定の社会問題について、被害者や支援者、政策立案者、専門家など異なる立場の人々がいます。作者自身の中にも複数の立場があるのが一般的なので、今回のゲームづくりに自身の中のどの立場で臨むのかを早い段階で明確にしておくことが大切です。

◉ゲームをつくる上での心構え

ゲームづくり全般を通して大事にしてほしいことは「後戻りを躊躇しない」ことです。ゲーム制作においては、途中に矛盾や飛躍があるとその後作成したルールにも必ず抜け漏れた曖昧さが表れます。このような場合、元に戻って原因を究明し、そこから見直すことが重要です。検討したことは決して無駄にはならないので思い切って立ち戻りましょう。

ステップ2　「テーマ」と「メッセージ」の設定　進め方概要

テーマ

ステップ2－1：社会課題を選ぶ
自身の興味・関心を中心に、世間の話題や「助けたい人」から、
取り組む社会課題を選ぶ

ステップ2－2：「テーマ」を決める
社会課題を選んだら、その中でも今回ゲームで扱うテーマを選定する
範囲が広いほど一般向けだが内容が薄くなり、範囲が狭ければ
テーマの狙いが明確になる

メッセージ

ステップ2－3：「誰が」伝えるか
自身とテーマとのかかわりを明確にする
なぜ自分がやるべきか、どうして今回ゲームにするか

ステップ2－4：「誰に」伝えるか
届けたい相手は誰か、どうして伝えなければいけないか
その人の立場でどうしてこうなったかを考える

ステップ2－5：「何を」伝えるか
最終的には言葉で書けないところまで考える必要があるが、まずは
文章での記述を試みる
キーワードとなる単語や感情などをできるだけ表現する

ステップ2－6：3分類の選択
メッセージが「知ってほしい」「考えてほしい」「理解してほしい」の
どれにあたるか検討する
それを踏まえてメッセージ自体を再考する

テーマ	社会課題	の中でも
	具体的ポイント	について

ステップ2—1：社会課題を選ぶ

社会課題として、地域の高齢化問題や子育て支援など、作者自身が興味・関心を持つ内容を選択します。世間の関心や時代の要請、助けたい人がいるなどの思いによって決めることもできますが、伝えたい内容への自身の理解度や伝えるための前提知識が足りているかを考慮して選択します。

ステップ2—2：「テーマ」を決める

「テーマ」は選択した社会課題の中で、どの部分に注目するかを具体的に決めます。たとえば「環境問題」の中でも「海洋汚染問題」に焦点を当て、さらに「ポイ捨てによる海洋汚染」というように絞り込み、制作するゲームの方向性を定めます。

ステップ2—3：「誰が」伝えるか

次に「メッセージ」を検討します。まず、ゲームをつくる自分の立場（「誰が」）を明確にします。「プレイヤーと同じ境遇だったが学んだ自分」なのか、「困っていて改善したいと考える自分」なのか、「研究して解決策を持っている自分」なのか、「困っている人を支援した実例を持っている自分」なのかなど具体的に記載します。多くの人は自身の中に複数の立場を持っているため、今回のゲーム制作において、どの立場で取り組むのかを一つ選択することが重要です。

メッセージ	誰が	が	誰に	に
	何を	について	□知ってほしい □考えてほしい □理解してほしい	

ステップ2—4：「誰に」伝えるか

次に「誰に」としてゲームのプレイヤーとなってほしい人、想いを伝えたい人を想像します。その人たちにどうして伝えたいのかを考えながら、たとえば「選挙に行っても意味がないと思っている人」「就職活動をしている人」などを想定します。

ステップ2—5：「何を」伝えるか

次にゲームを通じて「何を」伝えたいかについて考えます。これまでの調査や考えを踏まえ、作者自身の立場から、相手に伝えたい内容をできるだけ具体的に書き出します。キーワードでも構いません。ゲームでしか伝わらないことをつくり込みたいので、できるだけたくさん書き出しましょう。

ステップ2—6：3分類の選択

伝えたいメッセージは、情報を「知ってほしい」、課題や困難さを「考えてほしい」、作者の主張を「理解してほしい」のいずれかに分類されます。複数にまたがることもありますが、まずは一つを選択します。情報を知ってもらうゲームをつくるには知識が必要です。課題や困難さを考えてもらうゲームをつくるには実際の経験が必要です。作者の主張を理解してもらうゲームをつくるには、プレイヤーがまだ理解できていない主張が必要です。必要なものをどう用意できるか考えて3分類を選択します。

ステップ3：「体験」の設計

「テーマ」と「メッセージ」が決まったら、それを伝える方法としてプレイヤーの「体験」を設計します。伝えたい「メッセージ」があるということは、現状は伝わっていないということです。なぜ、どんな経緯があって現在伝わっていないのか。この先どのような理想を目指していくべきで、そのためにこのゲームが終わったときにどこまで伝わっていてほしいのか。そのプレイヤーの変化を「体験」として考えます。

プレイヤーが情報や状況をどう理解し、どのように心情が変化し、どんな行動の変化が現れるかについて、「経緯」「現状」「未来」「理想」という4段階で表現して整理します。ゲームの範囲としては「現状」から「未来」までをつくることになり、その間の過程の変化が「体験」となります。

◉「体験」を考える上でのポイント

「体験」の設計にはプレイヤーがどのように変化するかが必要になりますが、作者はプレイヤーの考え方の変遷や行動変容を完全に把握することはできません。真摯にプレイヤーの考えに向き合い、どんな状況からどうなってほしいのかを整理します。

「現状」を知るためには、過去の「経緯」への理解が必要です。また、このゲームを終えた後の「未来」を定義するためには、作者が求める「理想」としてプレイヤーになってほしい姿を具体的にイメージすることが必要となります。

ステップ3　「体験」の設計　進め方概要

体験

ステップ３－１：今どうなっているか
多くの人が知らないだろう情報など『現状』を整理する

ステップ３－２：なぜそうなったか
誰かが悪いではなく、仕方なくこうなってしまった『経緯』を整理する

ステップ３－３：この先どうなってほしいか
ゲームの作者としてどうなってほしいか、または世の中として
どうあるべきかの『理想』を考える

ステップ３－４：ゲーム後にどうなってほしいか
ゲームを遊ぶことでどこまで進んでほしいかの『未来』を定める

ステップ３－５：どのように学んでもらうか
『経緯』を踏まえた『現状』から『理想』を踏まえた『未来』に向かって、
プレイヤーがどんな経験をすれば メッセージが伝わるかを考える

ステップ３－６：どんなゲームにするべきか
ゲームをプレイする環境など、制約となる要素を整理する

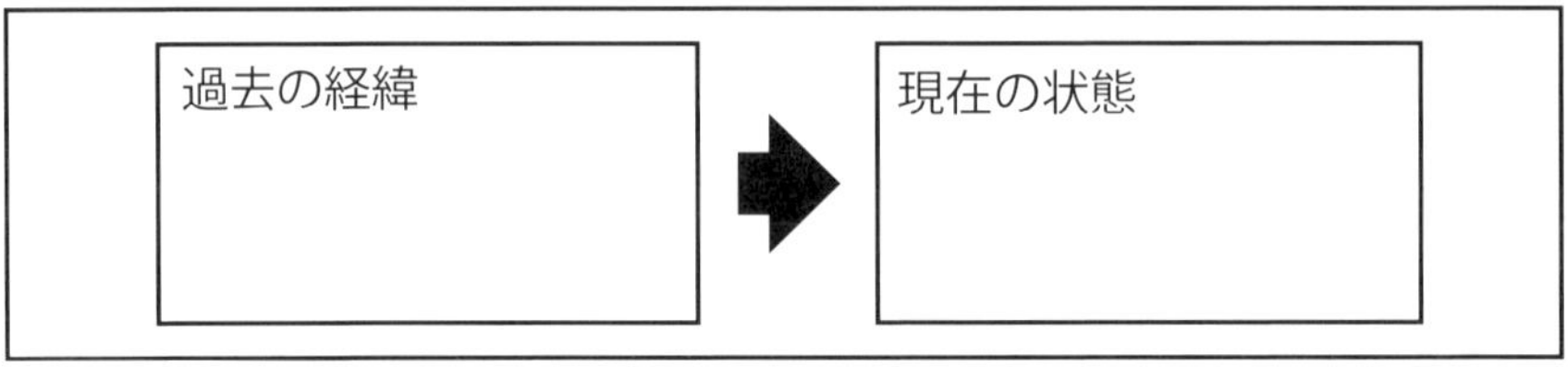

ステップ3—1：今どうなっているか

プレイヤーが「テーマ」に関してどの程度の知識を持っているか、また、プレイヤーの理解度が社会課題にどう関わっているかを「現在の状態」としてまとめます。課題をまったく認識していないのか、課題を認識しつつも変えられない状況があるのかなど、プレイヤーの認識について深く整理できるとよいです。

ステップ3—2：なぜそうなったか

「現在の状態」がそのようになった理由を「過去の経緯」として整理します。その状況に至った原因や、過去の判断や事情など、その過程をできる限り理解し、ワークシートに記載します。冷静に俯瞰し、プレイヤーの心情に寄り添って理解することが重要です。

多くの社会課題は、誰か特定の人の悪意や不作為ではなく、関係者それぞれの事情や状況、積み重ねてきた関係性によって発生・拡大します。犯人捜しではなく、それでもなぜ今こうなっているかについて調査や考察を重ねてください。

作者自身がかつてプレイヤーと同じ立場だったことがあるのであれば、そのときの自分自身を思い出し、過去の経験をもとに記述します。同じ経験を持っていない場合は、文献や資料を調べたり、現場での実際の状況をインタビューすることが役に立ちます。

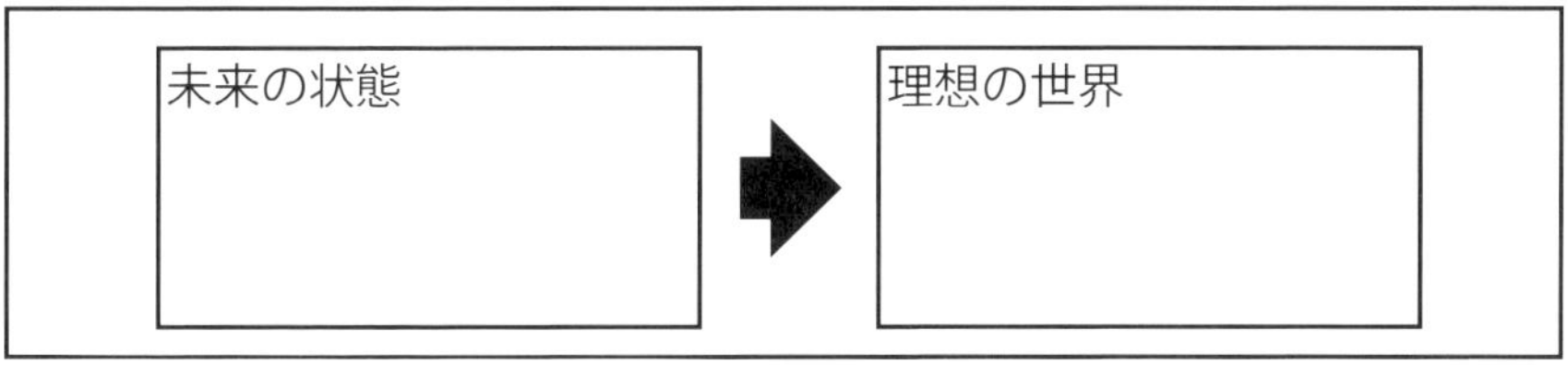

ステップ3—3：この先どうなってほしいか

プレイヤーにどう変化してほしいか、社会はどう変わってほしいかといった「テーマ」についての「理想の世界」を考えます。

ここでは、行動変容などを伴う抜本的な改革が完了している状況を考えましょう。

作者自身の夢や希望が最大限叶った世界を想像することが重要です。

ステップ3—4：ゲーム後にどうなってほしいか

「理想の世界」を目指す方針として定めた後は、ゲーム終了時点でプレイヤーがどこまで理解し、気がついていてほしいか、メッセージがどこまで伝わっていていてほしいかについて「未来の状態」として決めます。たとえば、違和感に気づくレベルか、何かをつかみ取ってもらうか、明日の行動に影響があるレベルかなどを目指すべきレベルとして設定します。

結果として、このゲームは「現在の状態」をスタート、「未来の状態」をゴールとする範囲となります。

研修やセミナーでの利用を考える場合は、ゲーム後に行う解説やディスカッションなどをセットにして「未来の状態」を考えることもできます。この場合、まずセミナー後の「未来の状態」を設定し、そこから解説やディスカッションを切り分けることでゲーム自体の「未来の状態」を逆算して設定します。

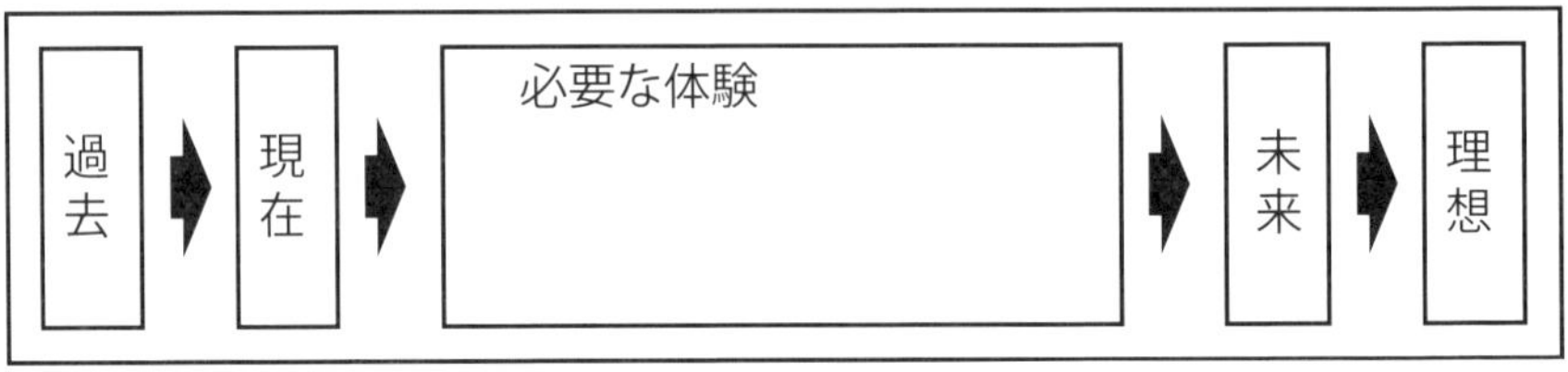

ステップ3―5：どのように学んでもらうか

「現在の状態」をスタート、「未来の状態」をゴールとするゲームをつくるために、プレイヤーがゲームからどんな刺激を受け、ゲーム内のイベントにどんな反応をし、どのように学んでいくとよいのかを「必要な体験」としてリストアップします。

起承転結のように明確な切り分けの必要はないですが、流れがあるとよいです。

たとえば、『最初こんな風に考えていた→その場では解決したかと思ったが続けると実はこんなことが起こる→うまくいかないのでなんとかしたいと思う→新たにこんなものを見つける→それを使ってみようと思う』といった流れを描けるとよいでしょう。

考える際には、「すぐに思いつく解決策とその阻害要因」「複数ある対策のメリット・デメリット」「忘れられがちな関係者」「我慢してでもやるべきこと」「本当に困っている人」「一見正しいように見えるが勘違いしていること」など、作者だからこそ知っている・気がつける独自の観点を切り口として検討します。一般には知られていない多様なステークホルダーを考慮したり、過去の対応策を組み合わせることを検討したり、それをプレイヤーに伝えたり提供したらどのように理解し、どこで何に気がつくかを予想し、必要な知識や経験をゲームに組み込みます。

ステップ3―6：どんなゲームにするべきか

「体験」すべきことが明確になったら、その物語が成立する環境や、制約となる要素

体験に必要な要素

いつ ゲームをどんなときにプレイするか 学校の課外授業や職員研修など	
誰が ゲームを何人でプレイするか ３人～５人くらいが多いが １人用や10人で遊ばせたいこともある	
どこで ゲームをプレイする場所・環境 会議室、屋外、家庭など	
何を ゲーム以外にゲーム中に使える道具が必要か 電卓、ホワイトボード、メモ用紙など	
どのように ゲーム中の雰囲気 熱く議論する、黙って考える、大声で笑うなど	
どうする ゲーム中の行動制限や推奨行動 立ち上がる、走ること、移動はできるかなど	

を整理します。

具体的には、上の表にある項目のように、ゲームをプレイする人数や場所、使用するアイテムや行動、プレイのタイミングなどを考慮します。

これらの制約があることで、プレイヤーにとってより面白く、意味のあるゲームをつくることができます。

この段階ではまだゲームができていないため、イメージを膨らませながら、表内の要素を定めていきます。プレイ中の体験や映像を具体的に想像し、それを実現するために必要な要素を整理しましょう。

ステップ4：「場面」の設計

プレイヤーの「体験」が設計できたら、ゲームで表現するために背景となる世界観や、ゲーム中の主人公とその物語を「場面」として設計します。

テーマとなる社会課題に関する環境のすべての構造をゲームで描ききることは不可能です。そのため、情報を削り、範囲を絞り込む必要があります。また、ゲームには物理的・時間的な制約があるため、伝えたいことを明確にするために優先順位を考えた取捨選択が必要です。

世界観には「童話型」「山荘型」という二つのタイプがありますが、伝えたいメッセージを踏まえてどちらで表現するかを選択します。また、物語の中での「普通ではない特殊な状況」を世界観として設定することで、ゲームの世界観をより鮮明にし、プレイヤーが違和感なく体験できるようにします。

◉「場面」の見つけ方

「場面」は、テーマやメッセージ、プレイヤーの物語に比べて自由度が高く、「これでなければいけない」ということがないため創意工夫が必要です。このため、現実の世界から一部を切り取った「山荘型」が「つくりやすそう」として安易に選ばれがちです。実際には、「山荘型」で現実の世界から一部を切り取る場合、社会課題に関することや、その周辺のことについて広く深い知識が求められるため、作為が伝わって不信感を持たれることもあります。そのため、多くの人が知っている昔話や、誰もが体験したことがある学校や会社、特殊な設定を受け入れやすい未来や宇宙の世界を舞台にするなど「童話型」も検討するとよいでしょう。

ステップ4　「場面」の設計　進め方概要

場面

ステップ４－１：世界観を決める
特殊な設定（童話型）か、特殊な環境（山荘型）を持つゲームの世界観を設定する

ステップ４－２：主人公と目的を決める
主人公と主人公の目的を設定する

ステップ４－３：スタートとゴールを決める
ゲーム内でのスタートとゴールを決める

ステップ４－４：イベントを決める
スタートからゴールまでの間にどんな道のり、障害などがあるとよいか考える

ステップ４－５：必要な要素を決める
登場人物をどこまで表現するか、要素をどこまで細かく扱うかなどの程度を決定する

世界観	
主人公	主人公の目的

ステップ4—1：世界観を決める

ゲームの舞台となる世界観は、現実寄りの設定である「山荘型」か、現実離れした設定の「童話型」の二つに分けられます。「山荘型」は実際の世の中に似せるために検討すべきことが多くなり、「童話型」は架空の世界のため自由度が高くなります。選択する際には、「山荘型」であればどんな条件にするか（実在の会社だが外に出られないことで外界から遮断されたり、10分で修正しなければいけない問題が起き外部に頼れないなどの制約があるなど）、「童話型」であればどんな設定にするか（桃太郎が○○だったらなど）、一からつくるか（未来の設定や動物の世界など特殊環境）など、プレイヤーが受け入れやすい設定を考えます。

ステップ4—2：主人公と目的を決める

世界観が決まったら、その中の主人公を決めます。そして、主人公の持っている能力や制約となる環境を細かく決めて、ゲームの始まりを設定します。このとき、意外な主人公を選ぶことで物語に新たな視点を加えることもできます。

次に、主人公の目的を決めます。目的は、物語の方向性を決めるものです。ドラゴンを倒すとか犯人を追い詰めるなど、与えられた世界観の中で主人公が目指す最終的なものを考えます。

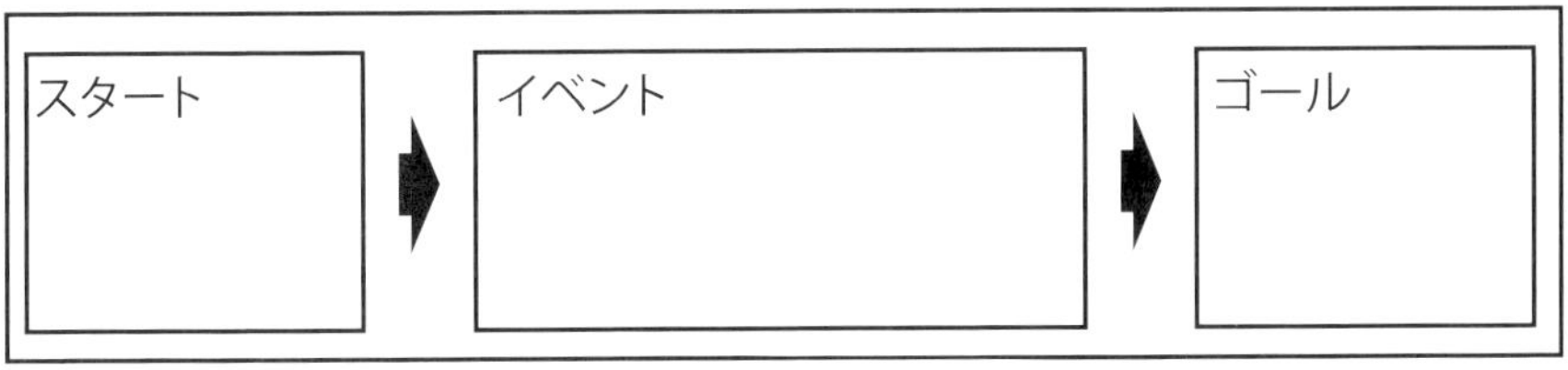

ステップ4―3：スタートとゴールを決める

主人公の目的をそのままゲームのゴールとする必要はありません。一つのゲームで表現することができる範囲は限られているため、長い物語をそのままゲームにすると、無駄に長時間のゲームになってしまいます。このため、ゲームにする範囲を絞り込む必要があります。桃太郎の物語であれば、川で桃を拾うシーンから鬼退治までを含めたゲームにするのではなく、「出発から仲間を集めるまで」「いきなり最終決戦が始まり戦い終了まで」「めでたしめでたしの後から宝の配分でもめる」など物語の一部を切り取ってゲームにします。「メッセージ」で考えたことを思い出して、主人公の物語のどの部分を切り取ると伝えたいものがより表現できるかを考えます。

ステップ4―4：イベントを決める

主人公がスタートからゴールまでの間に、どのような障害や課題が待ち受けるか、そしてそれにどう立ち向かうかを考えます。「童話型」の場合、スタートとゴールが決まると途中で取るべき道は決めやすいです。「山荘型」ではリアルに起こりうる出来事の中から選択することになります。

伝えたいものが一つでも、発生するイベントが一つとは限りません。どんな課題が発生するとよいか考えることが大切です。「メッセージ」をよく考えて、世界観に合ったポイントをうまく盛り込みましょう。

場面に必要な要素

いつ 時代背景とスタートとなる出来事 トラブル発生などのイベント	
誰が 物語上の登場人物 プレイヤーでないキャラクターを どこまで描くか	
どこで 必要な場面設定 場面転換はできるだけ少ない方がよい	
何を アイテムの要素 物語中で出てくるもの	
どのように キャラクターの関係性や場所の制約 ゲームの中の相関図を明確にする	
どうする 実施できるアクション 主人公やその他のキャラクターができること	

ステップ4―5：必要な要素を決める

物語に必要な要素や、その範囲を決定するために、上の表に記載された項目にもとづいて考えます。主に、ゲーム中に登場させる要素が何で、それぞれどのような幅を持たせるかを明確化させることがポイントです。

メッセージを伝える上で必要最低限とする要素は何か、無駄な要素を省くことで、ゲームのスムーズな進行を確保しながら、省いた理由を設定してそれを説明する必要があります。

ゲーム中ですべてを直接表現するわけではありません。しかし、ゲームの一貫性を持たせるため、さらには「体験」と組み合わせるときによい表現を思いつくために、できるだけ丁寧に要素を決めておきます。

◉3分類の特徴と進め方のポイント

ステップ2−6で決めた「知ってほしい」「考えてほしい」「理解してほしい」の3分類それぞれについて、「テーマ」・「メッセージ」や「体験」、「場面」においてどんな特徴があるかをまとめます。

3分類ごとの特徴

「知ってほしい」ゲーム

テーマ：自身が知識を持っている/学んだテーマ
メッセージ：
　伝えたい情報の内容と、それを知ってどうなってほしいか
体験：
　知らなかった情報に触れる体験
場面：
　社会課題そのままの模式的な場面

「考えてほしい」ゲーム

テーマ：自身が経験したり経験を伝えたいテーマ
メッセージ：
　簡単に答えが出ない現場ならではのジレンマ
体験：
　当事者の立場だと判断が難しい体験
場面：
　ジレンマが発生する場面
　さまざまなステークホルダーがいる場面

「理解してほしい」ゲーム

テーマ：自身が提案や考えを持っているテーマ
メッセージ：
　新しい切り口や考え方を提案したい
体験：
　新しい手法で問題が解決に向かう体験
場面：
　忘れがちな状況や設定、気がついていない情報を盛り込んだ場面

ステップ5：プロトタイプの作成

このステップでは、「プロトタイプの作成」を行います。プロトタイプとは実際に遊ぶことができる試作品のことです。試作品をつくることで、今まで考えてきたことを具体化していきます。

これまでにまとめてきた物語と場面を組み合わせることで、具体的にゲームの形をつくり始めます。手書きや印刷した名刺サイズのカードなどを使って手づくりで製作します。

プロトタイプ作成では、まずはカードだけでゲームを完結させることを目指すのがコツです。つくっていく中でどうしても必要になった場合にゲームボード、駒、サイコロ、チップなどの要素を一つずつ追加していきます。

進め方として、ここでは、既存のゲームから仕組みを借りてつくり上げていく方法を説明しています。そうではなく、本書の進め方を完全に無視して自分のアイデアを発想することも可能です。

ただし、既存のゲームの全体を借りてきて一部を自分用にカスタマイズするつくり方は、おすすめしません。本来不必要な部分までつくってしまい、伝えたい「メッセージ」に合わなくなることが多いためです。必要に応じて、「メッセージ」や「体験」「場面」に合う仕組みを少しずつ借りて、組み合わせてつくっていく姿勢が望ましいです。

プロトタイプの作成で難しいと感じた場合は、もう一度メッセージに戻って考えを整理し、矛盾がないか、伝えたいことが書ききれているかを確認することをおすすめします。それを根気強く繰り返すことで、どんなゲームにするべきかが見えてくるでしょう。

ステップ5　プロトタイプの作成　進め方概要

プロトタイプの作成

ステップ 5 － 1：似ているゲームを見つけ仕組みを借りる

プレイヤーの物語やゲームの中の物語の構造的な部分で、既存のゲームや遊びから似ているものを見つけて、取り入れる仕組みを部分的に選択する

ステップ 5 － 2：中心となる仕組みをつくる

メインのアクションでプレイヤーは何をするのか
ゲームの中の物語と採用した仕組みを掛け算して、ゲームの基本となる仕組みをつくる

ステップ 5 － 3：ゲームの骨組みをつくる

ゲームの「場面」の要素をできるだけ素直にカードに落とし込み、組み合わせて遊べるようにする

ステップ 5 － 4：一通りつくり上げる

準備、手番での行動、終了条件、勝利判定を仮に定めて、ゲームとして遊べるようにする

パターンを探す　似ているゲーム

プレイヤーに起きてほしい感情、考えてほしい、体験が似ている
ゲーム中の発言や雰囲気がどこか似ている　など

ステップ5―1：似ているゲームを見つけ仕組みを借りる

既存のゲームや遊びから、今回プレイヤーにさせたい「体験」と似たようなものを探し、似ている部分の仕組みを借用します。例えば、7並べのように、誰がカードを止めているのかわからず、次のカードが出せるかわからないようなドキドキ感を演出したい場合、カードの出し方に7並べに似た制限を設けることを検討します。

まずは、「体験」を表現するために、どのゲームを参考にすればいいか探します。

その後、「場面」で決めた世界観に近いゲームから、どのように表現しているのかを見つけます。

ステップ5―2：中心となる仕組みをつくる

今回つくるゲームが「何によって何をするゲーム」になるのかを整理します。

たとえば、「桃太郎が動物にきびだんごをあげるタイミングで相手の心理を読むゲーム」や「早く成長する桃太郎に、鬼退治に出発するまでに感情を理解させるゲーム」など、体験の中心となるところと場面の中心となるところを組み合わせて、どのようなゲームであるかを表現します。

そしてそこから、「プレイヤーが手番で行うこと」を見つけていきます。借りてくるのではなく自身で思いついた仕組みを使うのもよいです。自身のボキャブラリーが増えると表現の幅が広がるので、既存のゲームを多く遊んでみるとよいでしょう。

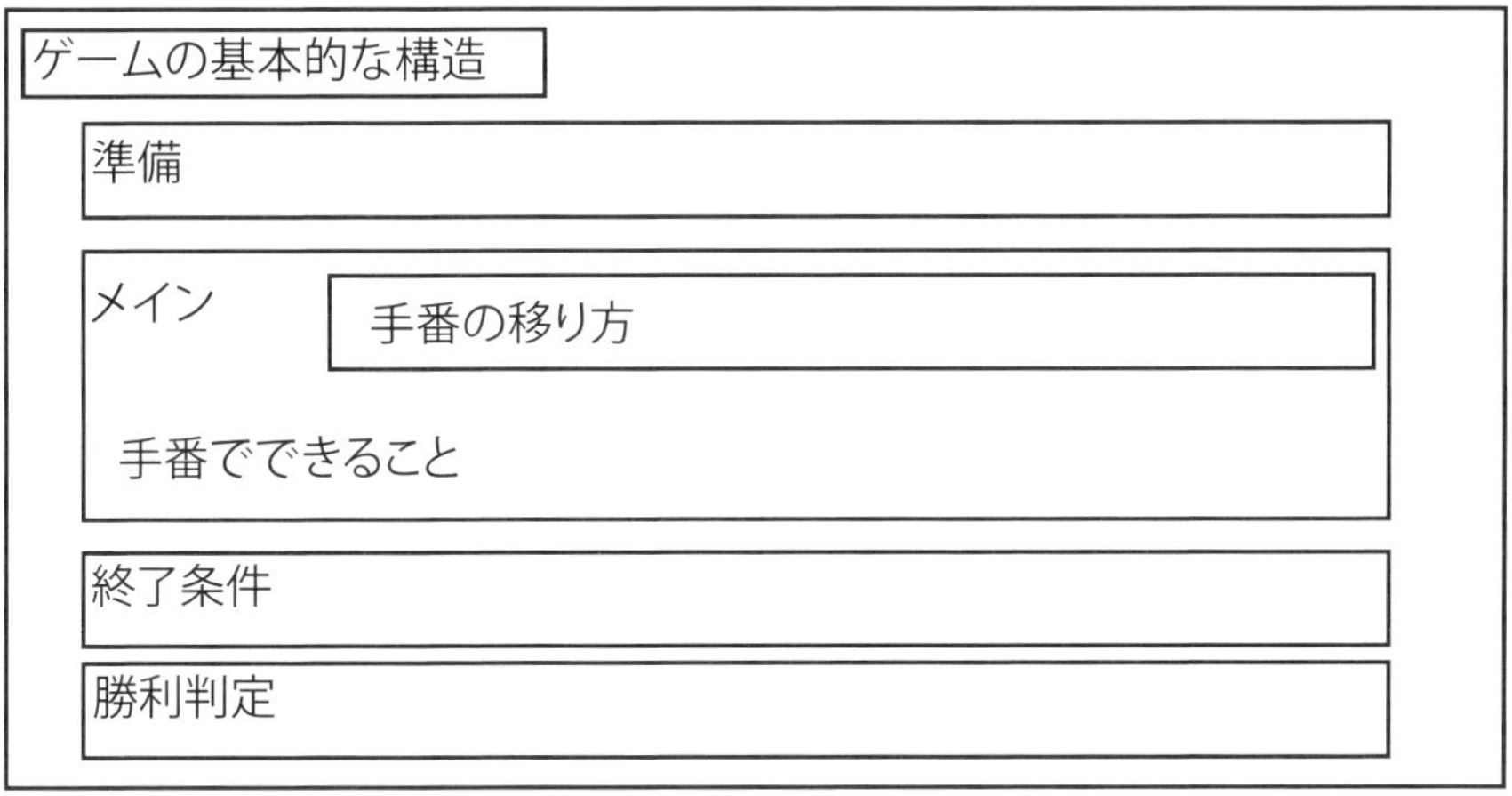
ゲームの基本的な構造
準備
メイン
手番の移り方
手番でできること
終了条件
勝利判定

ステップ5－3：ゲームの骨組みをつくる

「体験」と「場面」それぞれの詳細部分についても、ほかのゲームや遊びから仕組みを借りたり、自身で考えついた仕組みを入れたりして組み立てていきます。このとき、一つのゲーム全体をそのままもらってきて改良するということをやりがちですが、無駄な情報を含んだ結果、「メッセージ」が伝わらなくなり、つくった気になるだけで、多くの場合「メッセージ」を伝えることができないためやめましょう。似た要素を持つゲームから必要な部分だけを借りて、それを組み合わせることで表現したい「メッセージ」とつながるように注意してゲームをつくります。

ステップ5－4：一通りつくり上げる

ある程度骨子ができたらゲームとして整理します。

一般的な構造として、上の図のように準備、手番でできること、終了条件、勝敗判定の流れがあります。この構造をつくり上げることを目指しましょう。何をするゲームで、何をしたら勝ちになるかが決まっていれば、あとはそれに仮でよいので具体的な値（手札は3枚にするとか10点で勝利とか）を当てはめます。

ステップ6：テストプレイの実施

「テストプレイ」とは、プロトタイプで作成したゲームを実際に遊んでみることです。不完全な状態でも、遊んでみることで気づくことがあります。

ゲームとして成立するようなプロトタイプができたら、想定されるプレイヤー像に近い人に遊んでもらうとよいでしょう。自身の身近な人でもよいですが、できれば今回の「テーマ」や「メッセージ」について知らない人に遊んでもらうのがよいです。

その後、感想を聞きます。聞くべき内容は「興味を持ったところ」「難しかったところ」「感じた疑問」「そのほか気がついたこと」などです。

受け取った感想や自身で感じて記録した内容を分類し、「想定通りの反応かどうか」を確認します。想定外であれば「補足説明でわかってもらえるか」を確認します。分類に従い、表現やルールを見直します。

修正をする場合には慎重に行い、ここまで考えた「メッセージ」「体験」「場面」と矛盾しないことを確認しながら少しずつ修正します。「想定通りの反応」である場合や、この分類から外れる意見はありがたいことではありますが基本的に無視して構いません。

ステップ6　テストプレイの実施　進め方概要

テストプレイの実施

ステップ6－1：テストプレイを頼む

可能ならばプレイヤーとして事前に知識がない人で、作者の考え方などを知らない人がよい

難しい場合は事前知識がどの程度あったか聞き取る

ステップ6－2：テストプレイの実施

ゲームの中でうまく進められないことがあっても、極力その場でのルール変更をしないで実施する

可能ならルールを記載した説明メモを渡して、読んでもらいながらプレイしてもらう

ステップ6－3：意見・指摘のより分け

今回のゲーム開発で本質となるもの以外は基本的に無視する

メッセージが伝わっているかどうか、プレイヤーの物語は想定通りかを考え、それに合わない点を探す

ステップ6－4：修正・改善

メッセージ、物語の何が問題の原因なのかを考えて、そこからもう一度考え直して修正する

一度に複数の修正をしないで、1件修正するごとに必ず1回はテストプレイをする

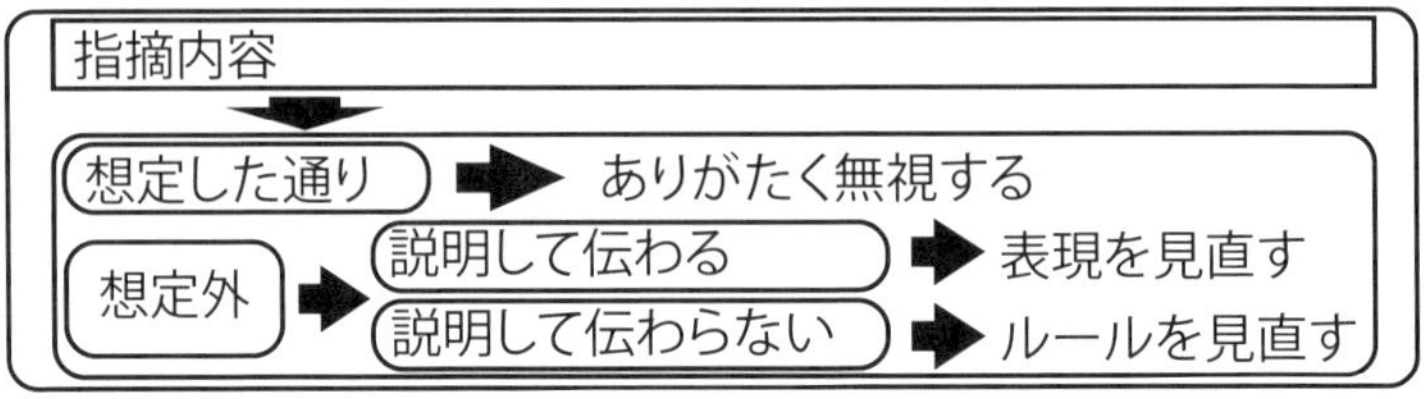
指摘内容
想定した通り
ありがたく無視する
想定外
説明して伝わる
表現を見直す
説明して伝わらない
ルールを見直す

ステップ6—1：テストプレイを頼む

プレイヤーとして想定している人物像に近い人に「テストプレイ」を頼みます。必ず、目的が「テストプレイ」であることを事前に説明して、遊んでもらった感想を聞きます。身近な人にテストしてもらう場合には、事前に「テーマ」や「メッセージ」を説明しないで遊んでもらうと、方針が合っているか確認できるためおすすめです。

ステップ6—2：テストプレイの実施

テストプレイをお願いした人に、実際にゲームを遊んでもらいます。

作者はできるだけゲームに参加せず説明と記録に徹します。できればルールを口頭で説明するのではなく、メモレベルでもよいので記載したものを参加者に渡して、読みながら遊んでもらうのがよいです。

ゲーム中に辻つまが合わなくなった場合や、参加者が想定と違った行動をとった場合でも、ゲーム中にルールを変えないよう注意します。ルールを変える場合はゲームを最初からやり直します。

ステップ6—3：意見・指摘のより分け

上の図のように「テストプレイ」で指摘された内容が想定通りかどうかで判別し、うまく伝わってない点があればルールや説明を見直します。

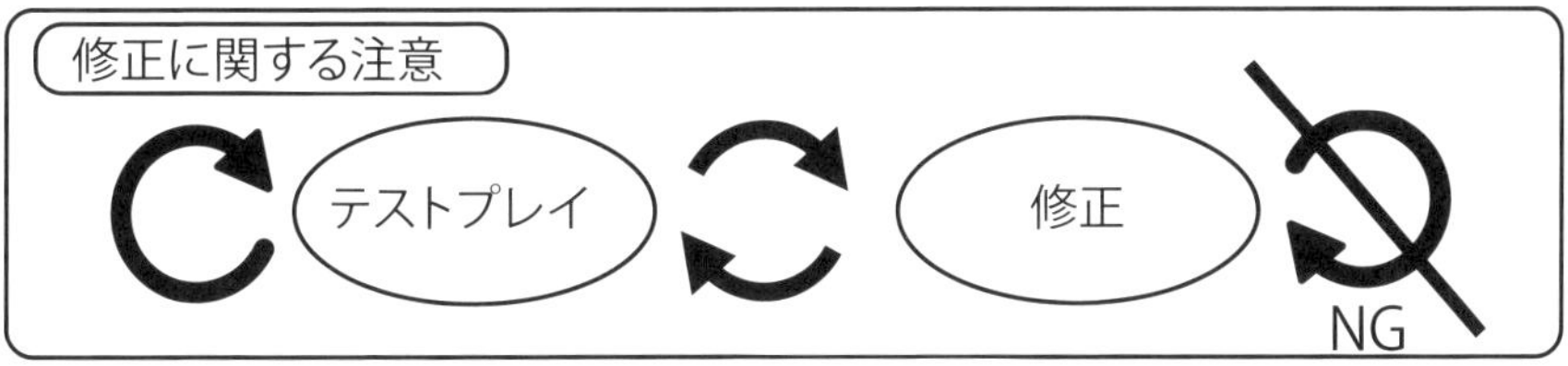

ステップ6―4：修正・改善

「テストプレイ」での指摘内容や自身が見ていてわかった点を踏まえてゲームを修正します。

修正の際は「テーマ」「メッセージ」「体験」「場面」にも影響があるかを確認し、影響がある場合にはそのステップまで戻って一貫して修正します。一部を変えただけでもほかの説明に矛盾が出る場合もあるので、修正の影響は丁寧に、一度に多くの修正をしないように注意します。

何かを修正したら「テストプレイ」をやり直します。一度に複数個所を修正すると、修正点のうちどれが正しく機能したかわかりにくくなります。

修正はできるだけ引き算で。余分になっている要素を削ることで修正していく方がよいです。要素を足すことで修正する場合は、本当にその要素がなければ「メッセージ」が伝わらないのかを考え、代替手段がない場合にのみ付け足すことにします。足してばかりでは複雑なゲームになってしまうため、一つ要素を足したら削れる要素がないか考えます。

修正・改善したらテストプレイを繰り返し、プレイヤーに「メッセージ」が伝わると納得できるところまで続けて、ゲームを完成させます。

4章 シリアスゲームづくりの実際

シリアスゲームデザイン授業のカリキュラム

千葉商科大学での特別講義「シリアスゲームデザイン」のカリキュラムは全13回の授業からなります。異なる学年の学生が4、5人で一組のグループを組み、お互いに協力、対話をしながらシリアスゲームの制作に取り組んでいます。

授業では、最初にシリアスゲームの理解・体験から始め、前半はゲームの企画や設計（主にステップ1、2、3、4のできるところまで）を行い、中間フィードバックの機会を経た上で、後半はプロトタイプの作成やテストプレイ（主にステップ5、6）を行います。講師陣からシリアスゲームづくりのステップや観点について講義しつつ、授業の大半はグループワーク形式による学生同士の主体的な制作活動とし、講師陣は適宜フォローするかたちで進めます。

千葉商科大学のカリキュラム内容や授業のスライド等は、まちづくりゲーム団体Ｕｒｂｏｌａｂのウェブサイト上で公開しています。受講生の作品も一部紹介しています。ご関心のある方はご覧ください。

「シリアスゲームデザイン2021」全13回講義資料&受講生ゲーム作品のご紹介
http://urbolab.info/?p=1109

「シリアスゲームデザイン2022」全13回講義資料&受講生ゲーム作品のご紹介
http://urbolab.info/?p=1402

本章では、2021年度、2022年度の受講生の作品の中から3作品をピックアップしてご紹介します。ゲームの概要や特徴のほか、講師陣からの講評も添えています。ゲーム制作をする際のイメージとしてお役立てください。

また、シリアスゲームデザイン授業の効果について、授業のレポートや受講生・担当教授のコメントを紹介しています。シリアスゲームをつくるプロセスからどのような学びが得られるのか、ぜひご覧になってみてください。

特別講義「シリアスゲームデザイン」2022年度カリキュラム

ステップ	授業回	内容
ガイダンス	第１回	ガイダンス。シリアスゲームとは
（前半） ゲーム企画	第２回	シリアスゲームの体験
	第３回	チーム編成。制作テーマの検討
	第４回	ゲーム企画の手法
	第５回	企画を深めるリサーチの手法
	第６回	企画のブラッシュアップ。中間発表の準備
	第７回	中間発表
（後半） プロトタイプ作成	第８回	中間発表振り返り。ゲームデザインの手法
	第９回	ゲームのプロトタイプ作成
	第10回	プロトタイプ②、テストプレイ
	第11回	ゲームのブラッシュアップ。最終発表の準備
	第12回	最終発表①
	第13回	最終発表②、リフレクション

「ポイステップ」（2021年度）

ゲームの概要

2021年度受講生の制作したゲーム「ポイステップ」は、ゴミのポイ捨てによって、二次被害、三次被害が発生していることを知ってもらうことを目的としたゲームです。本作品は、『第2回全日本ゲーミフィケーションコンペティション』にも応募し、見事「新人賞」を受賞しています。

街でポイ捨てされたゴミは、動物や風によって川に流され、最終的に海まで到達します。海に流れたゴミは、漂流ゴミやマイクロプラスティックとなって海洋汚染の原因となり、さらには海洋汚染の結果、観光業の衰退や動物の殺傷といったように、経済面や生態系にも影響を及ぼしています。受講生チームは、「近くにゴミ箱がないから」といった理由でついポイ捨てをしてしまっている人々が、ゲームをプレイすることでポイ捨てによる二次、三次の被害発生について知り、ポイ捨てをやめるきっかけとなるようなゲームの制作を目指しました。

ゲームでは、街でポイ捨てされたゴミが、風や動物の影響で街や川、山など地域のさまざまなところへ移動していきます。プレイヤーは、ほかの仲間と協力しながらゴミの回収を目指します。しかし、ゴミをうまく回収できないと二次被害、三次被害が発生してしまい、地域の魅力度が低下してしまう、というゲームです。

ゲームの遊び方イメージ

ゲームは4人プレイとなっていて、各プレイヤーは四つの地域に分かれて遊びます。毎回、どこかのマスに新たなゴミが発生するので、プレイヤーは人を移動させてゴミを回収するか、対策カード（例：ゴミ箱の増設）を使ってゴミを取り除きます。無事にゴミを回収できればよいのですが、もし残ったゴミがある場合、二次被害（例：水質汚濁）が発生します。さらにその後、サイコロを振り、場合によっては三次被害（例：観光業の衰退）が発生することもあります。被害を受けると、地域の魅力度が低下することになります。

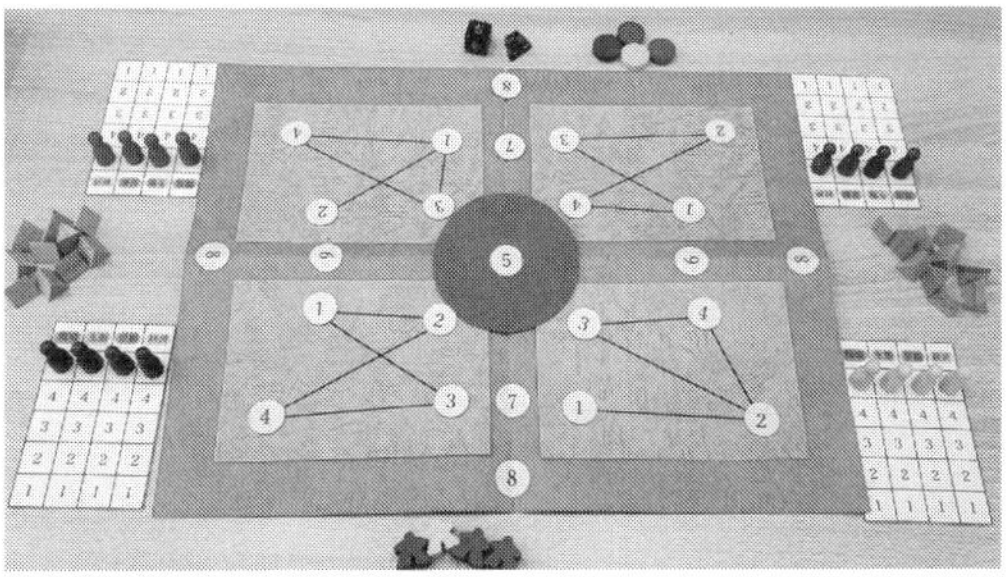

ポイステップ制作中の様子（上）、ポイステップの完成版（下）

ゴミがどこにあるかによって、被害を受ける範囲も変わります。「街」にあるゴミは、一つの地域のみが影響を受けますが、ゴミは「街」から「川」に流れることもあり、その場合は「川」に面している地域がいずれも被害を受けることになります。「川」にあるゴミが2ターン回収されないと「海」に流れ、「海」で生じる被害は四つのすべての地域に影響します。ゴミが「山」に移動した場合も、四つすべての地域が被害を受けることになります。

このようにして、時にはほかのプレイ

「ポイステップ」の概要①

街・山・川・海がある四つの地域に分かれ、ゲームを行う
各プレイヤーは初めに対策カードを１枚持っている

①フィールドの街(１～４)の好きなマスに人を設置する

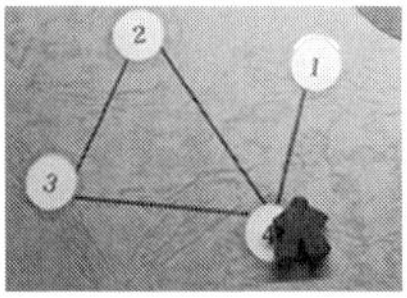

②フィールドの街(１～４)にゴミが発生する（４面のサイコロを振る)

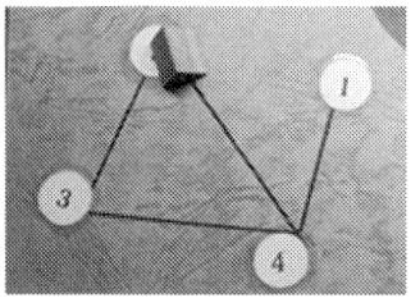

③人を１マス移動させる or 対策カードを使い対策をする

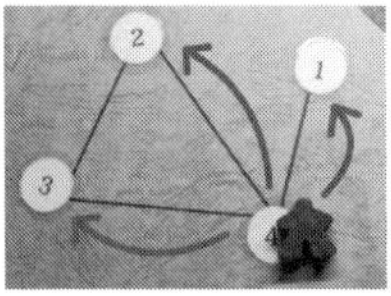

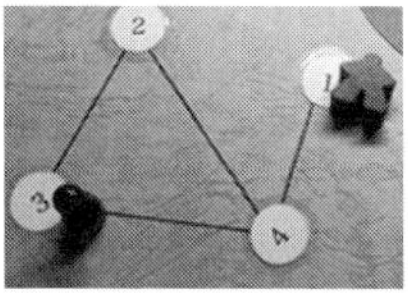

ゲーム中に一度だけ、人を移動させる代わりに対策カードを使うことができる

例)「ゴミ箱の増設」→街(１～４)の好きなマスに黒いコマを設置する。そのマスにゴミが発生・移動してきたときに、一度だけゴミを取り除ける

④ゴミと同じマスに人が到達できればゴミの回収を行う

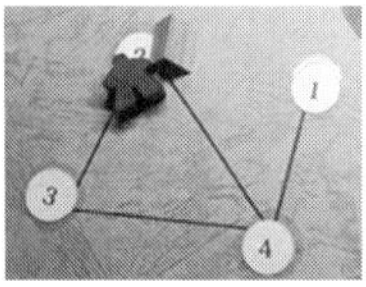

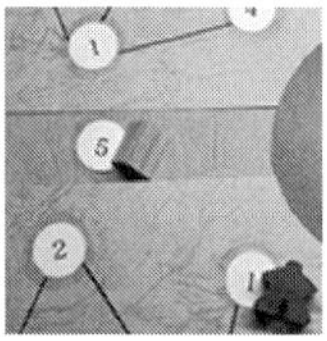

山・川にゴミがある場合、面している地域の人ならゴミを回収することができる
(右の画像のケースでは、手前の人が出したゴミでも、奥の人が回収することができる)

⑤回収できなかったゴミがあるプレイヤーは、被害発生カードを引き、被害を受ける

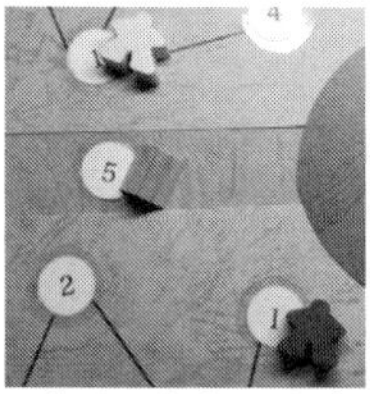

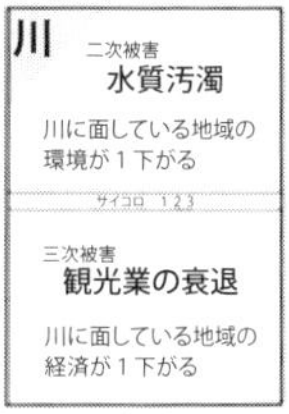

川のゴミを回収することができなかった場合は、川用の被害カードを引く
(街・山・川・海ごとに被害カードが分かれている)

⑥被害を受けた地域の魅力度が低下する

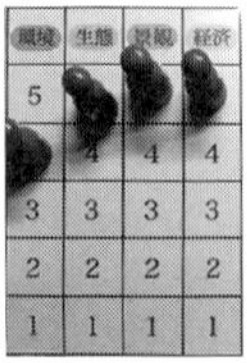

二次被害が発生し、環境が１下がる

サイコロを振り、１、２、３の目が出る

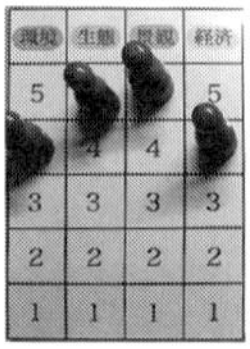

三次被害が発生し、経済が１下がる

二次被害の後にサイコロを振り、カードに書かれた目が出たら、三次被害が発生する
(書かれた目が出なければ、二次被害のみ発生)

自分が出していないゴミでも、面する地域は被害を受ける
・街の被害の場合、自分の魅力度のみ下がる
・川の被害の場合、川に面している２地域の魅力度が下がる
・山・海での被害の場合、山・海に面している四つすべての地域の魅力度が下がる

「ポイステップ」の概要②

⑦街(１～４)にゴミが残っているプレイヤーは、移動カードを引き、ゴミを移動させる

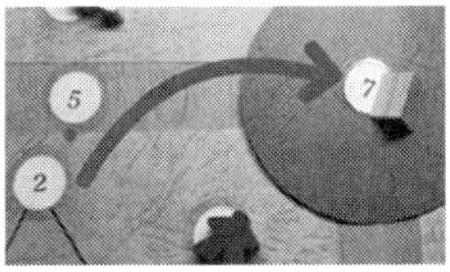

移動カードに書かれた街・川・山へゴミが移動する
例）ゴミが風によって飛ばされる。ゴミが山(７)へ移動
川・山に残ったゴミは、移動カードで移動しない

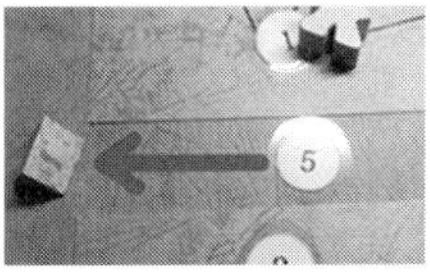

ゴミが川に移動してから、２ターン回収されなかった場合は、
ゴミが海へ移動し、海用の被害カードを引く

２ターン目以降は②～⑦を繰り返し、全７ターン行う
四つある魅力度のうち、二つの魅力度が一番下まで下がってしまった地域は脱落となる
ほかの地域のプレイヤーと協力し、ゲーム終了時に一つでも多くの地域の生存を目指す

ヤーと協力しながらプレイを続けます。地域の魅力度が一定程度下がった場合には、その地域は脱落となり、全7ターン終了時に一つでも多くの地域の生存を目指す、というゲームです。

ゲームの特徴（アピールポイント）

川のゴミが原因で被害が生じた場合は、川に面している二つの地域の魅力度が低下します。山・海のゴミが原因で被害が発生した場合は、山・海に面している四つの地域の魅力度が低下します。このように、自分の地域でポイ捨てがなくても、ほかの地域でポイ捨てがあることで、回りまわってポイ捨ての被害が生じてしまいます。ポイ捨てによって、ほかの地域の人に迷惑をかけてしまうことを知ってもらえるようになっています。

作品に対する講師陣からの講評

●「ポイ捨て」という日常の何気ない行為から派生するゴミの二次被害・三次被害を、ゲーム盤での「ゴミの移動の可視化」によってよく表現できている。人と動物と自然の関係がシンプルにモデル化できており、ゲームを通じてゴミの発生～地域の魅力度の低下の流れが体験できる。プレイヤーの知識に左右されずに、

ポイ捨てによる二次被害・三次被害の構造が学べる。リサーチ結果の裏付けを精緻に反映させ、デザイン面をブラッシュアップして完成版の作成を望みます。

●ゲームのメッセージを考える上で、「誰が」の部分で「ポイ捨てをしてしまう気持ちが『わからなくはない』自分たち」がつくったゲームとしたことが、最後まで生きていた。これにより、単にポイ捨てを止めさせるのではなくて、その後の被害について思いを馳せさせることで理解を深める設計になった。

その上で、二次被害、三次被害について、いかに理不尽に広がってしまうか、簡単には抑えられないかということだけにポイントを絞り込んだ、シンプルなゲームをつくり上げたことは素晴らしい。風や動物などの影響・効果も一つずつ勉強になる内容になっていて、とてもよいです。

「ほごろくゲーム189《いちはやく》」（2022年度）

ゲームの概要

2022年度受講生の制作したゲーム「ほごろくゲーム189《いちはやく》」は、近年件数の増加している児童虐待の問題をテーマに制作したゲームです。ゲームタイトルは「保護録」と「すごろく」をかけつつ、実在する虐待通報ダイヤル「189」を取り入れています。周囲の家庭で、虐待を見聞きしたときの相談先や、虐待に関する種類（身体的虐待、心理的虐待、性的虐待、ネグレクトの4種類）などの知識を伝える内容となっています。

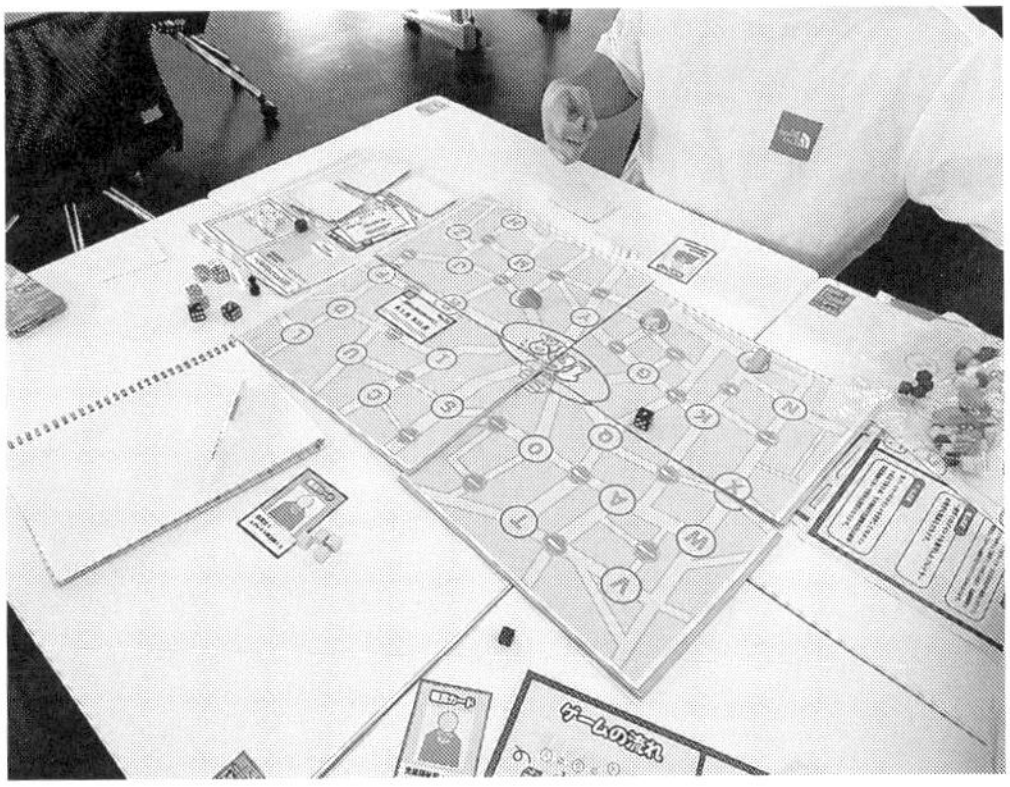

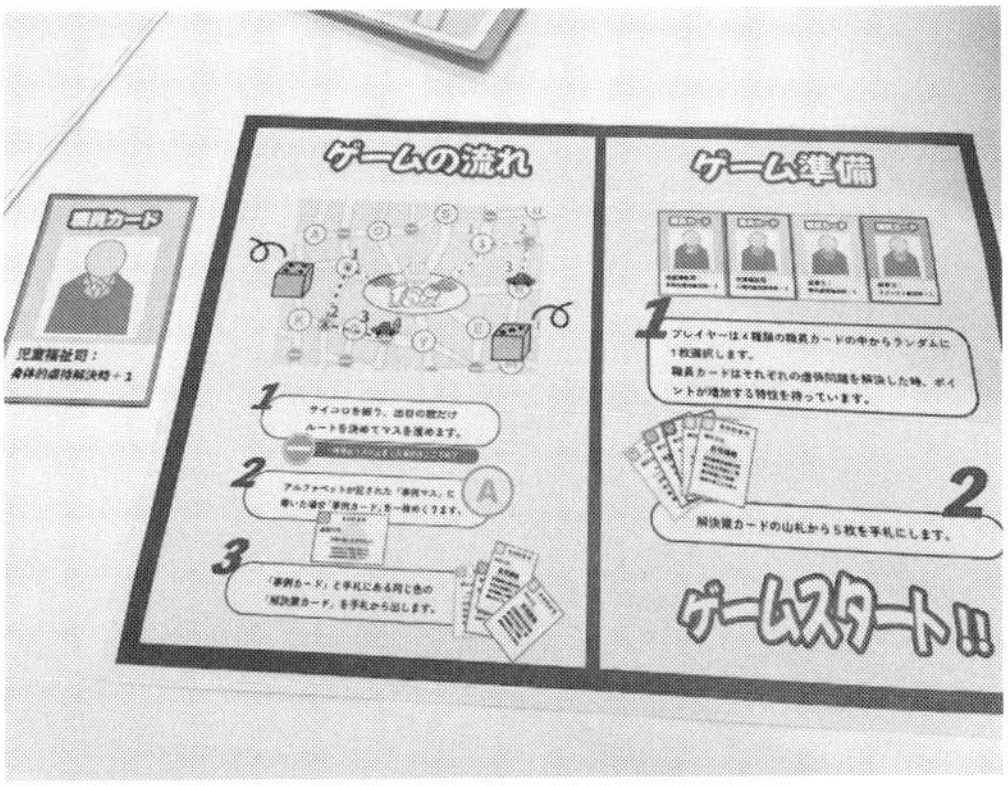

ほごろくゲームのプレイ準備完了！

ゲームではプレイヤーは児童相談所の職員となります。職員は地域で通報のあった場所へ車で向かい、虐待問題を解決していきます。その中で緊急の通報が入ったり、

「ほごろくゲーム189」の概要①

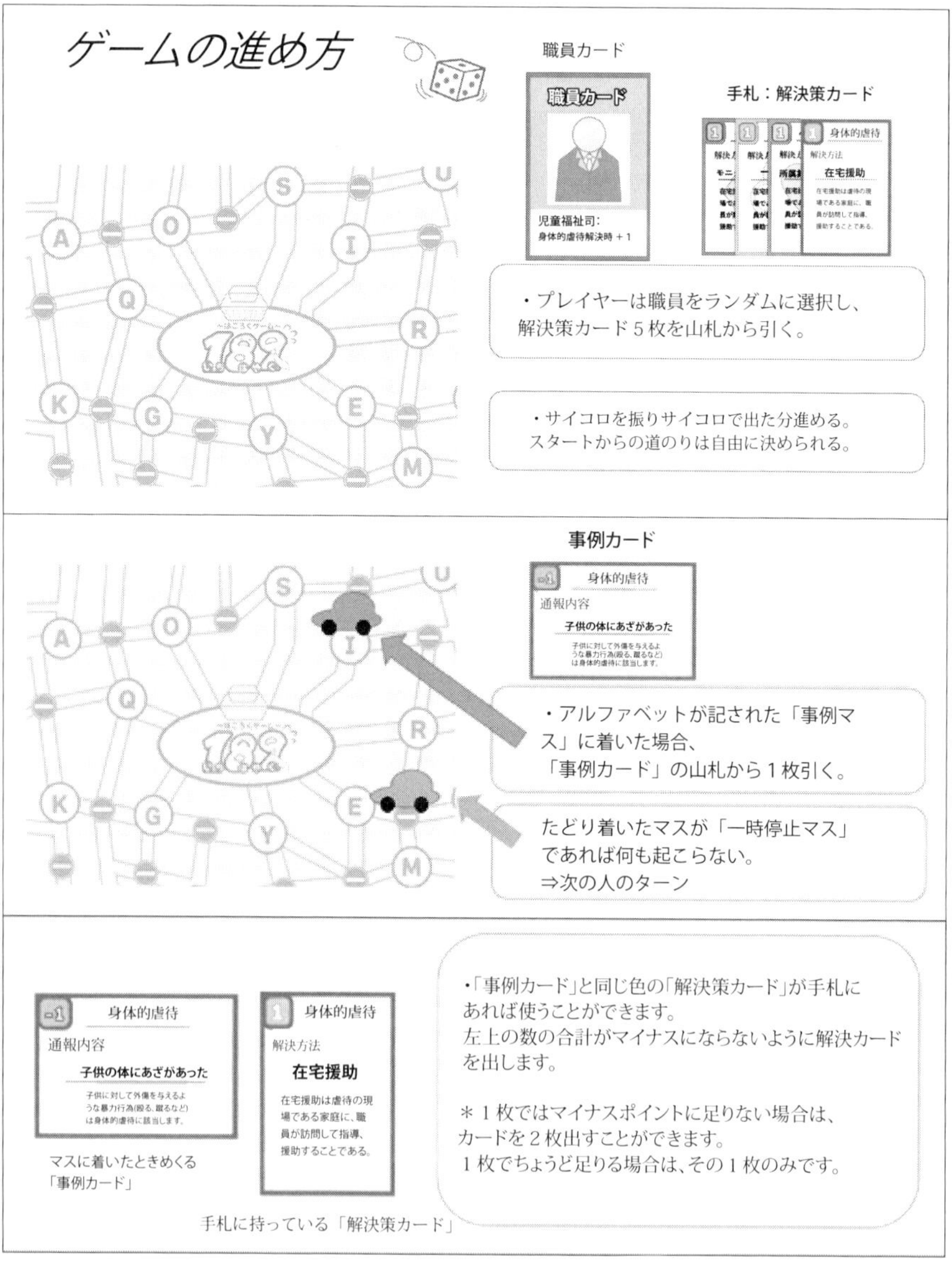
ゲームの進め方
職員カード
職員カード
児童福祉司:
身体的虐待解決時＋1
手札：解決策カード
身体的虐待
解決方法
在宅援助
在宅援助は虐待の現場である家庭に、職員が訪問して指導、援助することである。
・プレイヤーは職員をランダムに選択し、
解決策カード５枚を山札から引く。
・サイコロを振りサイコロで出た分進める。
スタートからの道のりは自由に決められる。
事例カード
身体的虐待
通報内容
子供の体にあざがあった
子供に対して外傷を与えるような暴力行為(殴る、蹴るなど)は身体的虐待に該当します。
・アルファベットが記された「事例マス」に着いた場合、
「事例カード」の山札から１枚引く。
たどり着いたマスが「一時停止マス」
であれば何も起こらない。
⇒次の人のターン
-1 身体的虐待
通報内容
子供の体にあざがあった
子供に対して外傷を与えるような暴力行為(殴る、蹴るなど)は身体的虐待に該当します。
マスに着いたときめくる
「事例カード」
1 身体的虐待
解決方法
在宅援助
在宅援助は虐待の現場である家庭に、職員が訪問して指導、援助することである。
手札に持っている「解決策カード」
•「事例カード」と同じ色の「解決策カード」が手札に
あれば使うことができます。
左上の数の合計がマイナスにならないように解決カード
を出します。
＊１枚ではマイナスポイントに足りない場合は、
カードを２枚出すことができます。
１枚でちょうど足りる場合は、その１枚のみです。

「ほごろくゲーム189」の概要②

ポイントの計算

+1

・事例カードと解決策カードの合計がプラスになったときは、そのプラスの分、ポイントを得ることができる。

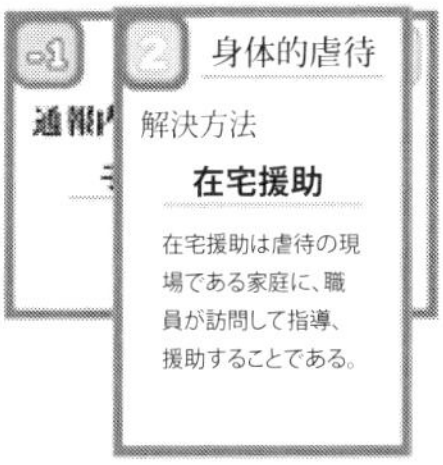

-1
2
身体的虐待
解決方法
在宅援助
在宅援助は虐待の現場である家庭に、職員が訪問して指導、援助することである。

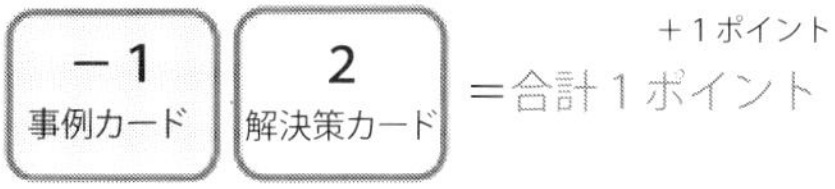

－1
事例カード
2
解決策カード
＝合計１ポイント
＋１ポイント

職員カード
児童福祉司:
身体的虐待解決時 + 1

・全員がプレイしターンが一周回ったら、手札を使ったプレイヤーは手札を補充します。
・最終的に、一番多くのポイントを獲得したプレイヤーが優秀な職員として勝利です。

事例マスのアルファベット

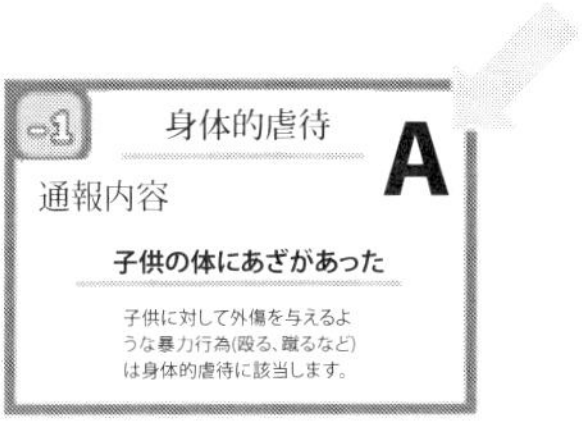

-1
身体的虐待
A
通報内容
子供の体にあざがあった
子供に対して外傷を与えるような暴力行為(殴る、蹴るなど)は身体的虐待に該当します。

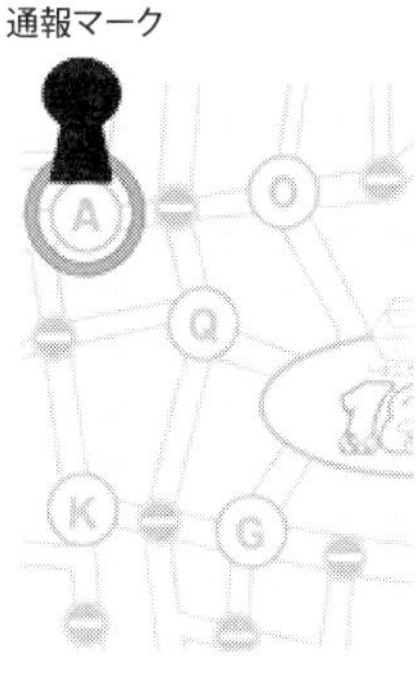

通報マーク
A
O
Q
K
G

・右上にアルファベットがある事例カードをめくった場合、すごろくの事例マスに書かれたアルファベットの場所に、「通報マーク」を置く。全プレイヤーはそのマスに向かうように指示されます。

クイズカード

指定された「通報マス」に到着したプレイヤーはクイズカードをめくります。
クイズに正解した場合は左上に記されたポイントを得られます。
（不正解の場合、何も起きません）

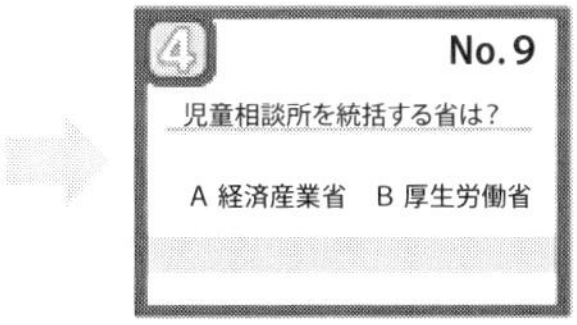

4
No. 9
児童相談所を統括する省は？
A 経済産業省　B 厚生労働省

答えは説明書裏にあります！

虐待問題について考えるためのクイズが出てきたり、といった要素が組み込まれています。

ゲームの遊び方イメージ

プレイヤーは最初に、児童福祉士や保育士など4種のプレイヤーカードの中から1枚をランダムに選択し、「解決策カード」を5枚手にしてスタートします。ゲーム中は、サイコロを振って出た目のマスだけ地域の中を移動していくのが基本の動きとなります。

アルファベットの書かれたマスに止まると、「事例カード」を1枚引きます。「事例カード」には、通報内容（例：子供の体にあざがあった）が記載されています。対応する種類の解決策（例：在宅援助）が記載された「解決策カード」が手元にある場合には、事例を解決することができます。解決できた際には、カードに記載されている数字を計算してポイント獲得となります。一方で、解決できない場合はポイントがマイナスされます。また、ゲーム中に指定された事例マスに止まったときは、「クイズカード」をめくります。「クイズカード」には質問が書かれており（例：虐待防止月間は何月？　Ａ：1月　Ｂ：11月）、正解するとポイントを獲得できます。

最終的に、最も多くのポイントを獲得したプレイヤーが優秀な職員として勝利となります。また、チーム全体としても、全プレイヤーの得点が一定程度以上になることを目指して取り組みます。

ゲームの特徴（アピールポイント）

児童相談所の職員として、次々と発生する虐待事案に対して奔走しながら対応するゲームを体験することで、虐待問題について考えるきっかけになることを意図しています。すごろくのような動きにカードによるポイント計算をかけ合わせてゲーム性を持たせつつ、さまざまな虐待の事例を取り入れたり、虐待にまつわるクイズカードを用意することで、現実社会に通じる知識も得られる要素を組み込んでいます。

作品に対する講師陣からの講評

●児童虐待をめぐる状況について、よくリサーチされた内容になっている。保護録や189をもじったタイトルや、子どもの虐待をめぐる状況や社会資源に関するカード情報（&クイズ）など、あまり社会に知られていない内容に目をつけさせる工夫も見られてよいです。

●全員で課題を解決していく流れはきれいにまとまっている。状況的リアリティがあるからこそ、プレイヤーの行うアクションの動機や、手札が運で決まるロジックなど、細部のストーリーを詰めていくと、よりよいゲームになると思われます。

●虐待の当事者や近隣住民の立場からは扱いにくい問題を、児童相談所の職員の立場から体験できるゲームとなっている。テーマの絞り込み度合いや、カードの分類と具体性がミックスされていている点が素晴らしい。

「ルールを知って！ゴミだすと」（2022年度）

ゲームの概要

2022年度受講生の制作したゲーム「ルールを知って！ゴミだすと」は、地域のゴミの分別をテーマにしたゲームです。誤ったゴミの分別を行うことによる行政コストや、分別内容に関する知識、地域差などについて学びや気づきを得ることができます。

ゴミの分別を間違えると、その処理に税金が使われることになります。たとえば市民がゴミの分別を怠って適正でないゴミが搬入されると、焼却炉を緊急停止させることがあります。その復旧のために場合によっては億単位に及ぶ多額の税金が使われています。これらは、一人ひとりが正しくゴミを分別するだけで防げる問題であり、だからこそゲームを通して体験してもらう効果があると考えた受講生チームが、本ゲームを制作しました。

また、ゴミの分別に関する地域差を示すことで、自分の地域の分別について理解を深めるとともに、「なぜ自治体ごとに分別が違うのか？」という疑問や関心をもたらすきっかけにもなるゲームとなっています。

ゲームの遊び方イメージ

①まず「可燃」「不燃」「リサイクル」「埋め立て地」と書かれたカードをそれぞれテーブルに置きます。次に「ゴミ」カード（例：レインコート、カイロ）を、ゴミの絵が上になるようにして山札を切ります。そ

して、プレイヤー全員に10万円の「税金」を配ります。

②「地域」カードを引いてゲームの舞台となる地域を決めます（市川、柏、松戸、船橋のいずれか）。引いたカードに書かれている自治体の分別に則って、ゴミの分別が判断されます。

③プレイをする順番はじゃんけんで決めます。最初のプレイヤーは山札から「ゴミ」カードを1枚引き、そのゴミの分別方法を推測して、「ゴミ」カードを「可燃」「不燃」「リサイクル」のいずれかのカードの上に置きます。このとき、ほかのプレイヤーがそれぞれ推測を口にして、プレイヤーを惑わせても構いません。

④ゴミの正しい分別方法を、「ゴミ」カードを裏返して確認します。正解した場合は何も起こりませんが、分別方法が誤っていた場合は、間違えたプレイヤーの税金を2万円没収します。ただし、「リサイクル」のゴミを当てた場合は、3万円が与えられ、手元の税金を増やすことができます。

授業で作成した「ゴミだすと」のゲーム

⑤間違えたゴミは「埋め立て地」カードの上に重ねて置きます。「埋め立て地」カードの上に15枚の「ゴミ」カードが置かれたら、全プレイヤーから5万円の税金を没収します。

⑥順番にプレイを繰り返し、山札のすべての「ゴミ」カードを分別し終えるまで続けます。終了したら、それぞれのプレイヤーの手元に残った税金を数えて、一番税金を持っている人が勝ちと

なります（引き分けの場合はじゃんけん）。なお、途中で税金がなくなったプレイヤーは失格となります。

ゲームの特徴（アピールポイント）

複数の「地域」カードを用意しているため、毎回異なる地域を舞台に、繰り返し楽しむことができます。複数回体験することで、前回の地域との違いに目がつきやすくなり、地域差や分別の仕組みに対する関心が高まるようになっています。

「地域」カードとして柏、松戸、船橋、市川という千葉県内の4市を用意していますが、近隣自治体であっても分別方法の違いが多くあることが、プレイ中に盛り上がるポイントでもあります。また、今後、全国各地の地域を舞台にしたカードセットを用意することも可能です。

作品に対する講師陣からの講評

●クイズに間違う＝取り扱いを間違う＝税金が余分にかかる、という流れがちゃんとつながっていてクイズにした意味がある。その上で一ひねりもあって面白く仕上がっていると思います。

●伝えたいことが具体的でわかりやすい。ゴミを税金の観点から捉えたのは、着眼点として独自性があってよいと思いました。また、当初の設計にはなかった「地域差」という観点を導入したことで、ゲームの面白さや奥行がぐっと広がったと感じます。

授業終了後に、デザインを学ぶ学生の協力を得てブラッシュアップ！

特別講義「シリアスゲームデザイン」の効果

受講生の学びと気づき

特別講義「シリアスゲームデザイン」は、受講生自身によるアナログゲームの制作を通じて、社会の問題を抽象化する能力や、グループワーク形式における対話力の向上、協働スキルの向上を目的とした授業です。受講生には授業の最終レポートとして、「シリアスゲームづくりを通じた、みなさんの学びや気づきについて記述してください」というテーマで提出を求めています。

40人超の受講生のレポートを精査したところ、多くの受講生がシリアスゲーム作成に向き合う中での社会課題への見方の変化や、自身の態度の変化に言及していました。社会課題に言及した回答を一部抜粋して表に示します。

受講生のレポートを見ると、多くのチームが、ターゲットに受講生自身も含むシリアスゲーム作成に取り組んだことで、自分自身の社会課題との向き合い方を見つめ直すきっかけになったことがわかります。また、複雑かつ多様な背景を持つ社会課題をシリアスゲームにすることで、重層的な問題の構造に気づいたという受講生も少なくないことがわかりました。

もう一つ特筆すべき点として、最終レポートでは、チーム活動などのシリアスゲーム作成プロセスに言及した内容も多く見られました。シリアスゲーム作成プロセスに言及した回答を一部抜粋して表に示します。

チームの中で意見を交わし合う中で深い議論が実現できたことや、他チームからの評価や講師からのコメ

社会課題への気づき（学生のレポートから）

今回のシリアスゲームデザインの授業を通してポイ捨てに対する見方がかなり変化したと感じている。私は、高校への通学手段は実家から自転車で通学していたのだがその道中毎日のようにファストフード店のごみのポイ捨てが見られた。比較的田舎の故郷でさえポイ捨てという問題は身近なものだと感じていた。そして、実際にシリアスゲームのテーマとして扱っていくうちに、ポイ捨てという問題は、自分の想像よりも深刻なものだった。 実際起こっていることはもっと多様で、落ちているごみを動物が巣に持って帰り、それで巣を作ることで異臭が広がったり、山に捨てたごみが自然発火して大規模な山火事になったりしている。そして、今度はこの複雑に絡まっている二次被害、三次被害をどのようにゲームに反映するかといったところが大変だった。だが、最終的な結果としてはこのような事象をうまくゲームに落とし込めたと感じている。
ゲームのテーマでもある「選挙」についても気づきがあり、ゲーム制作の過程で「選挙＝推しを選ぶ」といった新しい見方を発見したのが良い気づきであったと感じ、今後の選挙での参加の仕方を変えてくれるような内容であったと考えました。
チームで「イジメ」という社会課題を取り上げてゲーム作りを進めてきたが、「難しい」というのが１番の感想である。イジメについて調べていく中で、事例によって発端や内容、終わり方（解決策）が異なり、一言で「イジメ」と括れないなと感じた。ゲーム作りを進めていく中で、「転校させない」という所を１つのゴールとしたが、転校することで救われることもあるし、当事者にとっては自殺が救いとなってしまうこともあり、どこまで踏み込むか、どうゴールを設定するかの議論に時間が掛かったし、もっと時間を掛けたいとも感じた。 また、チーム内からは、イジメが個別的なものであり、括る事が難しいのであれば、具体的な事例に絞って作っても良かったという意見があり、その方がイジメの構造をイメージしやすいのかもしれないなと感じた。 教育委員会や教師個人の取り組み等、具体的な政策について調べ、そこから作り直してみても良いと思う。
社会の中で実際に起こっている問題を解決するために必要なものの一つとして、その問題のことを知らない人に「こんな問題がある」と知ってもらうことがあると私は考えています。その課題を解決するのに、ゲームとして楽しんでもらいつつその問題の重大さ、自身の生活との関わり、自分でもできる解決方法などを一度で伝えられるシリアスゲームは非常に効果的であると気づきました。実際に、今回の授業に参加していた人たちが作ったゲームのテーマは、ポイ捨て問題や食品ロス、いじめ、災害時の対応など、どの社会問題も私たちの生活に深く関わっている問題ばかりでした。ただ問題についての話をするだけでは、関心を持ってくれる人は少ないですが、ゲームを通すことで、年齢や性別問わずに楽しく社会問題について学べることは、他の媒体にはない、ゲームならではの利点であると制作活動を通して学ぶことができました。

ントを受けることでシリアスゲームのメッセージと仕組みの関係性を深く捉え直すことができた、という受講生のコメントが多く見られました。これらのコメントから、チームでゲームづくりに取り組んだプロセスが、グループワークの成熟度や、成果物の完成度、社会問題への理解度に貢献したことを読み取ることができます。

作成プロセスに関する気づき（学生のレポートから）

ゲーム作成作業において、難しく感じたのは、自分の考えをチームのみんなに共有して賛同を貰うことでした。やはり人によって考え方や発想が違うので、方向性を１つに絞るためにチームのみんなで話し合って試行錯誤した結果が良い形でシリアスゲームを完成させる事ができた。また人によって考え方や発想が違うことから、ゲームに質問を取り入れてより理解を深める形に出来たのではないかと考えました。
かなりタフな経験であった。時間という制約がシビアに課せられる中で 、形にしなければならず 、且つ他のグループから直接的に評価される。厳しい意見や 、苦悩があり 、息詰まる点が多くあった。その中で良い意見を出し 、また引き出し 、進めていった訳だが 、グループワークとしての難しさ 、楽しさを感じる活動であった。
自分のチームだけではなく、他チームの発表などを通しても学べたこともあり、それぞれのチームがテーマを設定している段階で、自分の中ではゲームの中にこのテーマを落とし込むことは結構難しいのではないかと思うようなチームもあったのですが、いざ最終発表の時になると、どのチームもとてもハイレベルな発表を行っており、どのチームも欠けることなくきちんとテーマを基にゲームをしっかり作っており、とても衝撃を受けました。
ゲーム以外にグループワークや発表の手法についても学ぶことができた。私一人では切り捨てる意見でも、チームで話し合いをすれば、その意見の深堀ができたり、別の意見の派生にもつながり、良い材料にすることが多くあった。発表についても、チームで役割分担をすることで、自分の担当の箇所について、深く調べることができ一人で作るよりいいものに仕上げることができた。
ある一つの社会問題に対して伝えたい内容やメッセージの対象者などゲームづくりの土台となる部分の追求、そこからのゲーム背景の設定といった部分が私のチームでは最も難航した点である。その証拠に、中間発表段階では、メッセージに対して制作されたゲームが合致していなかった。中間発表後、先生や学生の意見からそのことに気づいた私たちは、この先のゲーム制作の方針で非常にもめた。ここまで作ったゲームをこのまま押し通す意見と、新たにメッセージの段階に戻り、その土台からゲームを再構築する意見で分かれた。結果として、後者の意見で再びゲームを作り始めた。ここからのゲーム制作は、それまで以上に長い時間をかけて行われ、様々な意見が飛び交った。その結果、なんとか一つのメッセージに対応していると自負できるゲームを制作することができた。

受講生のコメント：川津大輝さん

2021年度受講生の川津さんは、「ポイステップ」の制作者であり、『第2回全日本ゲーミフィケーションコンペティション』の「新人賞」受賞者です。優れたゲームを制作しただけでなく、2022年度の授業のSA（Student Assistant）として授業の補助を行っていただきました。川津さんから、ゲーム制作の苦労や、ゲームのアピールポイントと、制作を通して学べたことなどを伺いました。

ゲーム制作の苦労

ゲームを制作する上で、ポイ捨てされたゴミの動きや連鎖する被害のメカニズムを忠実に再現しつつ、楽しく体験してもらえる面白さを取り入れることに苦労しました。どんなに社会問題を忠実に再現したゲームを制作しても、遊んでいて楽しくないゲームでは学習効果が下がってしまうと思います。ポイステップにも面白さを取り入れるため、ゴミをほかの人に押し付け合えるバトル要素を追加するなど試行錯誤を重ねましたが、ポイ捨て問題の再現度が下がってしまい納得のいくものにはなりませんでした。

そこで原点に立ち返り、ポイ捨てについて調べ直していく中で、ポイ捨てされやすい場所の違いや被害ごとの連鎖のしやすさの違いなど不確定な部分があることに気づきました。この現実に起こり得る不確定な部分をゲーム内のサイコロやカードの組み合わせで再現することで、適度な運要素が加わり、ポイ捨ての問題を忠実に再現しつつも面白さを取り入れたゲームを制作することができました。

ゲーム「ポイステップ」のアピールポイント

自分がポイ捨てしたゴミが原因でほかの地域の人にまで迷惑をかけてしまうことを学べる点が、一番のアピールポイントです。ポイ捨てをしている人は、自分が捨てたゴミのその後を深く考えたことがないと思います。実際、ポイ捨てされたゴミは風や動物により山や川、海にまで移動しています。そして山や川、海でさまざまな被害を引き起こし、山、川、海に面している地域が甚大な被害を被っているのが現状です。

「ポイステップ」では街でポイ捨てされたゴミが風、動物によって山、川、海へ移動する一連の動作を再現していきます。また、山、川、海で被害が発生した場合、ほかの地域のゴミが原因であっても、山、川、海に面する街は連動して被害を受けるように制作しています。これにより、自分がポイ捨てしたゴミでほかの地域の人に迷惑をかけることを擬似体験することができるようになっています。

ゲーム体験時の様子（写真上）、2023年2月現在のゲームデザイン（下）

制作を通して学べたこと、嬉しかったこと

ゲーム制作を通して社会問題を擬似体験できるシリアスゲームの有効性を学びました。ほかのチームが制作したゲームを体験してみると、今まで興味がなかったり、理解できていなかった社会問題であっても、自らコマやカードを動かし社会問題を擬似体験することで、社会問題の理解が深まり、興味を持てるようになりました。身をもって社会問題を擬似体験することで、見たり、聞いたりするよりも何倍も深い学習効果があるのだと学びました。

また、「ポイステップ」を体験してくれた人が「これからはポイ捨てを絶対にしないようにする」と言ってくれたときがとても嬉しく、ゲームを制作してよかったと思える瞬間でした。

千葉商科大学担当教員のコメント：渕元哲准教授

千葉商科大学に設置された特別講義「シリアスゲームデザイン」は、政策情報学部の渕元准教授による提案で実現しました。渕元先生は、まちづくりゲーム団体ＵｒｂｏＬａｂ主催のワークショップに参加されたことをきっかけに、シリアスゲームを実際につくるプログラムの可能性を感じて本授業の導入を進めてくださいました。渕元先生から、授業を取り入れた背景や、導入して感じている効果、今後への期待などを伺いました。

授業を取り入れた背景、期待

「シリアスゲームデザイン」の授業を学部の「特別講義」として設置したのは、次の二つの理由のためです。一つには「現代とは『学びのスタイルの大転換の時代』であり、この授業は新しい学びの時代にふさわしいものになり得る」と考えたからです。いまの学生の大多数は「ゲーム」を日常的な趣味にしていますし、「ゲームのプレイなくしては一日が終わらない」という学生も個人的に相当数承知しています。また「ゲームは学習の敵だ」とする常識も、今日では一概には妥当しなくなったとも思っています。事実、特定のテーマのＲＰＧをプレイすることで、歴史や文化、さらには「まちづくり」まで学べることは、よく知られたことですし、ゲーム性を強く打ち出したスマホの教育用途のアプリも、いまではごく当たり前のものとなっています。しかし私自身は、この潮流を承知しつつも、「では、どのように対応していけばよいのか」がわからず、言ってみれば答えが見つからない「モヤモヤ」した感じを、数年来ずっと抱いて悩んでおりました。

以上のような「五里霧中」にいる感覚をどうにか晴らせないか、そのヒントを探していた最中に、上原一紀先生が主催するワークショップに参加し、私が期待していた以上の、ぼんやりと感じていた危機感を埋めることができる「何か」を発見できた気がしました。そして、その後、このワークショップの内容を拡充して授業として先生方を招聘できないか、そして、これは現在の高等教育のトレンドである「アクティブラーニング（能動的学習）」の理想型になるのではないのか、という思いが「フツフツ」と沸いてきたのでした。このことが、特別講義「シリアスゲームデザイン」を設置するに至った第一の理由です。

学生制作ゲームの体験会で

またこの授業を設置したもう一つの理由は、現在進行形の社会事象を題材にしながら、「モデル」を構築すること——それは高等教育における重要な思考作業の一つですが——を学生に能動的に学んでもらえると考えたからでもあります。モデルとは、ある具体的な事象を抽象化、概念化することですが、私は、この思考作業を承知していることは、実社会（官公庁でも民間企業でも）に出てからも役立つものと考えています。

理系の研究では、しばしば「実験」という作業がなされます。その理由は、ある現象の発生原因を確かめるためです。そのため多くの「実験」は、「原因になり得る」と研究者が仮説したいくつかの要素を自然界から分離抽出し、その抽出された要素群でもって「人工世界」を構成するところから開始されます。さらに研究者は、その構成された人工世界を操作することを通じて、研究対象たる現象を発生させた原因が何であるかを確かめようとします。

人文社会科学の世界では、いくつかの例外を除けば、上記のような実験をすることは困難です。しかしシリアスゲームも、ある社会問題から分離抽出（モデル化）した重要要因群で構成される仮想的な人工世界の一種です。もちろんシリアスゲームそのものは実験とは異なりますが、私は、シリアスゲーム制作は、理系の実験で得られるような「モデル化」の学びを、人文社会科学を学ぶ学徒にもたらしてくれるものと考えています。世の中で発生する社会問題は、本来は個別具体的なものです。ただし、さまざまな個別事例の「蘊《うん》蓄《ちく》」に詳しくなるだけでは、近未来に発生するかもしれない類似の社会問題に対して、何らの有効な手立てを打つための知恵は出てきません。それに対して、類似の社会問題群から、原因になりそうな共通項を抽象的な「モデル」として導き出すことができれば、近未来における新たな類似の社会問題に対して、何らかの対処法を考えたり、あるいは備えたり、といったことができる可能性が高まります。そのような意味からも、私は、人文社会科学を専攻する学生が「モデル」構築を学ぶことの意義は、非常に大きいものと考えます。以上が、この授業を導入したもう一つの理由です。

導入してみての感想、感じている効果

学生が楽しみながら学んでいることは、本当に実感しています。大学での学びは、しばしば修行のようなところもあり、学ぶ内容によっては必要でもあります。しかし学生にとっては楽しんで学べる機会が多い方がよいにきまっていますし、その方が、学習効率も上がるものです。私は、孤独に机に向かって書物を読み、頭を使うだけが、学びのスタイルではないと思っています。この授業では、チーム内で対話しながら、手を

動かし、そしてもちろん頭も動かすなど、身体全体で学んでいると感じています。

またこの授業では、オリジナルなシリアスゲームを制作することが課題となるため、チーム内では、どの社会問題を扱うかについて、手分けしてよく調査し、さらに合議もしなくてはいけません。また何が重要な要素であるのかをモデル化するという知的作業にも取り組まなくてはいけません。ゲームのメカニズムも設計しなくてはいけません。これら一連のプロセスは、実社会でのチームワーキングの準備として役立ちますし、またこのゲーム制作を通じて、学生は自分なりのモデルの構築ができるようにもなっていきます。これらは、高等教育の学びにおける大きなメリットになっていると感じています。

今後への期待

以上のような経緯により、本学部は「シリアスゲームデザイン」の授業を導入しましたが、その成果は、私の想像以上でして、学生の満足度は非常に高く、ご指導いただいている先生方に、ただただ、心より感謝申し上げるしかない、と思っています。本学部は、官公庁への就職を目指す学生と、デザイナーなどのクリエーター、そしてプログラマーなどを目指す学生が同居している学び舎です。これは一見すると、節操なく雑居しているように思われるかもしれませんが、私たちの学部では、志向や思考の異なるもの同士が協力して生み出すものは、似たもの同士によるそれより、はるかに革新的なものになると考え、その方針のもとで教育にあたっています。そしてそれは、現在の社会のトレンドにも極めて親和的であると考えています。たとえば、現在の我が国の官公庁は、「デザイン志向」の政策立案を打ち出すようになっています。ここでいう「デザイン」という言葉は、狭義の意匠的なデザインから、広義の社会全体の設計という意味まで含む包括的な概念ですが、「シリアスゲームデザイン」という講義名称も、意匠的なデザインと社会のデザインという意味を含み込み、融合させようという意味を込めて、（上原先生とご相談の上）命名いたしました。

今後は、さらにユーザーフレンドリーな社会になることが求められていくと思われますが、そのような社会をつくっていくには、意匠的なプロダクトデザインやデザイン志向を持ったＤＸは欠かせませんし、このような狭義のデザインを理解し、広義の社会全体のデザインに落とし込んでいけるような、プランナーやプロデューサーのような担い手も必要になると思います。本学部も、このようなデザイン志向ができる人材を輩出したいと考えておりますが、そのためには、未来の意匠デザイナーや未来のプログラマーには、「自分たちがつくるプロダクツを、どのように社会で役立たせることができるのか」、その重要性を理解してもらわなくてはいけませんし、未来の公務員にはデザイン志向のセンスを磨いてもらわなくてはいけません。この「シリアスゲームデザイン」の授業では、以上のような、一見すれば志向と思考が大きく異なる学生たちが、一緒にチームを組んでゲームの制作をすることになるのですが、それは知らず知らずのうちに、互いの異種性を相互理解し、協力して一つのものを生み出すという作業をしていることになります。私は、この「シリアスゲームデザイン」の授業では、デザインがわかる未来の公共セクターのプロフェッショナルと社会の要請に応じられる未来のデザイナーの、それぞれのポテンシャルを磨く機会を提供していただいていると思っています。私は、本学部の学生が、この授業で磨いたセンスを発揮して、よき社会の担い手になってくれる、そういう未来がくることを期待しています。

第Ⅱ部のまとめ

第Ⅱ部では、シリアスゲームのつくり方と、実際の学生の作品等を紹介しました。ゲームのつくり方に唯一の正解はありませんが、伝えたいものをゲームに落とし込む手順やポイントには、共通するものがあります。ここでは、まとめとして第Ⅱ部の内容を実際に活用するためのヒントをお伝えします。

シリアスゲームのつくり方の六つのステップは、一段ずつ階段を上っていくように順番に考えていくのがポイントです。前のステップが次のステップの土台となっていて、土台に不安定な部分があると、出来上がるゲームもねらった効果を得づらいものになってしまいます。ステップを進んでいく中で、思うように進まないとき、違和感が生じたときは、前のステップに戻って考え直すようにしてください。

各ステップに要する時間は、人によってさまざまです。トントンとテンポよく進む場合もあれば、途中で身動きできないと感じるほど行き詰ってしまうこともあるでしょう。特に、ステップ2で設定する「テーマ」と「メッセージ」が肝ですので、何かあれば勇気を出してステップ2まで立ち戻って考えることが、遠回りのようで近道だったりします。

シリアスゲームをつくる上で陥ってしまいやすい例をいくつか紹介します。

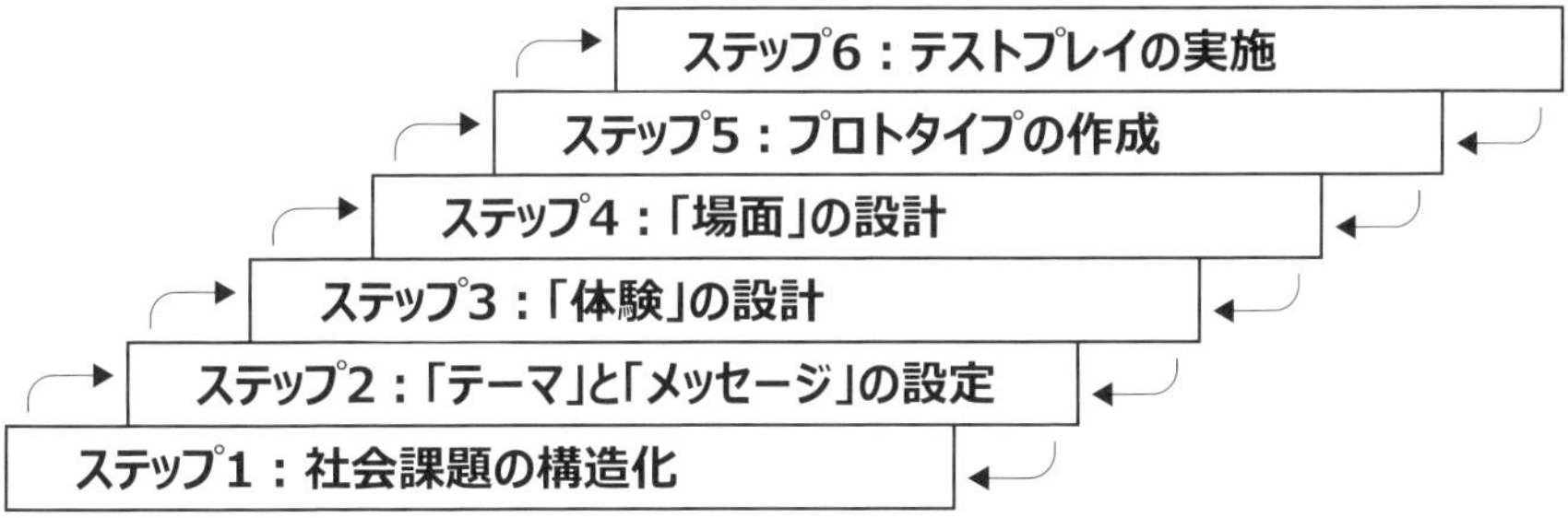
ステップ6：テストプレイの実施
ステップ5：プロトタイプの作成
ステップ4：「場面」の設計
ステップ3：「体験」の設計
ステップ2：「テーマ」と「メッセージ」の設定
ステップ1：社会課題の構造化

「メッセージよりもゲームづくりを先行させてしまう」

メッセージが熟慮されていないまま、ゲームのルールを先に思いついてしまい、ルールの設計などを先行させてしまうことがよくあります。その場合、たとえ楽しいゲームがつくれたとしても、参加者にとっては「楽しかった。でも、新たな気づきや学びはあまりなかったな」で終わってしまう可能性が高いです。面白そうなルールを思いつくとすぐに採用したい気持ちはわかりますが、このゲームは何を伝えたいのか、という視点を常に持つようにします。

たとえば「ポイ捨てはするべきではない」「いじめはよくない」ということを伝えたいと思って、そのままゲームにしようとしても参加者の行動変容を促すことは難しいでしょう。誰もが聞いたことのあるメッセージだからです。私たちが行っている大学の授業では、社会課題についてリサーチを行って、なぜその社会課題が生まれているのか、問題や原因の深堀りを行います。その中から作者ならではの視点を導き出すよう伝えています。紹介した作品「ポイステップ」で言えば、「街でポイ捨てされたゴミは、風や動物によって川に流され、最終的に海まで到達する。海に流れたゴミは、漂流ゴミやマイクロプラスティックとなって海洋汚染の原因となり、さらには海洋汚染の結果、観光業の衰退や動物の殺傷といったように、経済面や生態系にも影響を及ぼす。ポイ捨てをする側は、軽い気持ちでついポイ捨てをしてしまうが、ポイ捨てによって二次被害、三次被害が生じていることを体験してもらうことで、ポイ捨てをやめるきっかけにしてもらいたい」といった具合に、切り口を特定し、具体化します。

シリアスゲームは、伝えたいメッセージを伝え、ゲームを遊ぶプレイヤーの行動変容を目的としています。伝えたいメッセージは、「これは多くの人には知られていない」「これについてこのような視点から考えることはあまりない」といった独自性を持たせて言語化します。ここがゲームの最大のポイントだと意識して、最も力をかけて考えるようにしてみてください。

「『体験』を詰め込みすぎてしまう」

プレイヤーにどのような体験をしてもらいたいか、ゲームが終わったときに何がどこまで伝わっていたらよいか、と考える際、あれもこれもと詰め込みすぎてしまうと、逆に何も伝わらなくなってしまう恐れがあります。仕事のプレゼンなどゲーム以外の場面においても、情報量が多すぎて結局何が伝えたかったのかわからなかった、という経験はあるはずです。

取り扱う社会課題に関して詳しい知識を有する専門家であるほど、伝えたいものが多すぎて、情報過多になってしまうことがあります。終わったときに、参加者の中に残るものは一つ、と考えた場合に何を残したいか。そんな観点で考えてみて、最も伝えたいメッセージ以外は思い切って捨てていく、ということも大切です。どうしても伝えたいことが溢れる場合は、ゲームの前後でレクチャーを添えるなど、ゲーム以外の部分で補うことも検討するとよいでしょう。

また、参加してもらいたい人々の持つ前提知識を読み違えてしまって、参加者にとって理解すべき事柄が多すぎて難しすぎる内容になってしまうこともあります。メッセージを伝えたい相手が、どの程度の知識を持っているのか、なぜ現状はメッセージが届いていないのか。これらの理解も重要になります。

最も伝えたいことは何かを考え、伝える内容を取捨選択していくことで、メッセージが研ぎ澄まされていきます。この過程を経ることで、ぶれない軸を持つことができます。テストプレイなどでほかの人にゲームを見せる際、特に詳しい知識を持つ人から「これも伝えた方がよい」といった意見が必ずといってよいほど出ます。その際、メッセージの検討が弱い場合、指摘を受けてゲームの軸がぶれてしまうことがあります。すでに議論や検討の過程で取捨選択した内容であれば、取り入れるべきかそうでないか、大きく迷うことなく判断することができるでしょう。

「使いたい場の制約によってゲームが使えない」

ゲームを利用してもらいたい場（たとえば学校の授業、企業の研修など）にとって、使いづらいゲームができあがることが時々あります。たとえば、子どもにとっては難解な用語やルールが多い、授業や研修の時間で導入するにはプレイ時間が長い、といったことです。これによってせっかくつくったゲームが使い勝手の悪いものになってしまうのは残念です。ゲームをつくる人は、ゲームを遊ぶ人だけでなく、遊ぶ場面までイメージする必要があります。これがうまくイメージできない場合は、関係者にヒアリングなどを行うとよいでしょう。その上で、場面に合わせた内容を意識して設計します。

ただし、あまりに場の制約を気にしすぎると前に進まなくなることもあります。制約の中では本質的なメッセージが届けられなくなるのであれば、制約そのものを変えられないか、という発想がうまくいくときもあります。ゲームが難解な場合は、事前に基礎知識を伝えるレクチャーを行ったり、わかりやすい用語集を用意したり、理解をサポートする方法はいくつかあります。時間的な制約がある場合は、特別授業として組んだり、まずは有志の集まりで実施したり、比較的自由度の高い形式から入っていくのもよいでしょう。「この場ではここまで体験できれば充分に目的が達成できる」など、活用の場面に合わせて体験する範囲を調整して対応することもあります。本当に伝えたいメッセージを伝えるために必要であれば、活用場面においても、さまざまな工夫をこらしてみてください。

最後に、シリアスゲームづくりにあたって、本書の内容を役立てていただく方法を三つご紹介します。

①自ら、関係者とともにゲームを開発する

オリジナルのシリアスゲームづくりに挑戦する方は、ぜひワークシートをダウンロードして、全6ステップに沿ってゲームづくりに取り掛かってみてください。本書を役立てて、シリアスゲームをつくる人が一人でも増えたら大変嬉しいです。

「ゲームをつくるのに必要な期間はどのくらいですか？」と聞かれることも多いのですが、内容やチームの状況、ゲームづくりに割ける時間によってさまざまです。短期集中で1、2か月でつくってしまう場合もあれば、ステップを行ったり来たりして半年から1年以上かかるプロジェクトもあります。プロのデザイナーに頼んだり、特殊な部品（コンポーネント）を調達したり、専門の印刷業者に発注したりする場合はそれぞれにある程度の時間がかかります。

また、シリアスゲームをつくるプロセスでは、さまざまな人を巻き込むことになります。一緒に取り組むチームを結成したり、専門家や当事者へヒアリングを行ったり、テストプレイの協力者を募ったり。その中では数多くの議論がなされることになりますが、それらがシリアスゲームの魅力を高めることにつながって

いくはずです。途中、壁にぶつかることもあるかもしれませんが、根気強くやっていけば、必ずゲームは完成します。そして完成後は、関わってくれた方々が、ゲームの普及において心強い協力者になってくれることでしょう。

②既存のシリアスゲームを活用する

ここまでシリアスゲームのつくり方を紹介してきましたが、ゲームづくりに着手する前に、本当にオリジナルゲームをつくる必要があるかどうか、立ち止まって考えてみることも大事なことです。ゲームを通して実現したいことは、もしかしたらすでに存在するゲームを活用することで達成できるかもしれません。すでに世の中に類似テーマのゲームはないか、ぜひ一度調べてみることを推奨します。ゲームによっては認定ファシリテーター制度などを設けていて、開発側の設けた一定の条件を満たすことで、有償または無償のゲーム体験会を開催することができるようになるものもあります。

オリジナルゲームをつくるのは、決して簡単ではなく労力もかかります。そのため最初は、既存のゲームをアレンジすることから始めるのも、おすすめの方法の一つです。たとえば、2章で紹介した「ＳＩＭＵＬＡＴＩＯＮ熊本２０３０」のご当地版作成のように、開発者の許諾のもとで地域のバージョンを作成することができるゲームもあります。その過程の中でも、地域の課題を調査したり、プレイヤーに体験させるジレンマの設計をしたり、といったゲームづくりの要素を体験することができます。同じく2章で紹介した超高齢社会体験ゲーム「コミュニティコーピング」でも、名張市の事例のように、地域のオリジナルカードをつくることができます。これらの方法は、ハードル低く、効果的に目的を実現できる手法と言えるでしょう。

③ゲームをつくるワークショップを実施する

シリアスゲームを自らつくるのではなく、参加者がゲームをつくる場を用意するという方法もあります。特定の課題をテーマとして掲げてゲームづくりの機会を用意することで、その課題解決につながる効果的なゲームが出来上がる可能性がありますし、ゲームづくりのプロセスを通じて参加者がその課題についての理解を深めることになります。単発あるいは連続講座の形式で社会課題を深掘りしてゲームをつくるプログラムや、短期間で集中的にチームを組んでゲームをつくるイベントなども存在します。

千葉商科大学の関係者のコメントにもあったように、シリアスゲームをつくるプロセス自体にはさまざまな学習効果があり、学びのプログラムとして捉えることも可能です。特別講義「シリアスゲームデザイン」は全13回の連続授業でしたが、私たちは過去に3時間程度の一日ワークショップとして実施をしたこともあります。プログラムは、目的や状況に合わせて柔軟に組み立てることができます。

ゲームづくりのプログラムの設計にあたっては、自らゲームを開発するのとは異なるノウハウが求められます。本書の執筆メンバーが一緒にワークショップなどを設計することも可能ですので、ご相談があればお声がけください。

おわりに

ゲームは、人と社会課題との間にある溝に、橋をかけることのできるツールと考えています。

社会課題は、その当事者とそれ以外の多くの人との間に「無関心」という溝が横たわっています。誰しもそれぞれに忙しい日常を過ごす中で、家庭と仕事で抱えるたくさんの課題のほかに、社会の課題に接する機会はなかなかありません。

ニュースなどで見聞きして「知っている」だけでは、まだ社会課題との間に距離があります。「4人に1人が後期高齢者になる」「子育て支援の拡充」といった、社会で起きていることや変化に関する知識があっても、そこでどのような問題が起こり得るのか、当事者はどのように感じているのか、そこに自分の「体験」がないと計り知れないことは無数にあります。立ち止まって思いを巡らすにも、ちょっとした動機付けが必要です。

一方で、いつの間にか自分が当事者になっていることもあります。突然、身内の介護が必要になることもあれば、子どもが生まれることで初めて、地域社会の一側面に気づくこともあります。そうしたときに、自分の直面している課題が実は社会の課題であって、自分がその当事者なのだと、はたと気づくことがあったりします。同時に、当事者とそれ以外の人との間には、こんなにも見えているものに隔たりがあるのか、というのを実感したりします。

（上原一紀）

ゲームは、こうした社会課題との間にある溝に対して、橋をかける役割を果たせると考えています。溝の反対側にいる人々の「楽しい」という感情をくすぐりながら、接点のなかった世界に呼び込みます。自分がプレイヤーとなって問題に巻き込まれ、自分ごととして考える体験を通して、社会課題との距離をぐっと縮めることができます。

「シリアスゲーム」という言葉は、一般的には、ビジネススキルを身につける人材育成から、教育における子どもの学習を促すものまで、幅広く含みます。本書では、特に社会課題を題材としたゲームに焦点を当てており、私がそこに可能性を感じている背景には、このような想いがあります。

ボードゲームが人を変える、まちを変える。

本書タイトルの言葉は、編集者の友岡さんから提案のあった複数案の中から選び取り、推敲を加えたものです。「人を変える」ことを目的としたゲームで、まちや社会の課題に向き合っていく。いくらか希望も含んだ言葉を、あえてタイトルに据えてみました。

経営学者のピーター・ドラッカーは『非営利組織の経営』にて、以下のように述べています。

非営利組織とは、人を変えるためのチェンジ・エージェントである。その成果は、人の変化、すなわち行動、環境、ビジョン、健康、希望、そして何よりも能力と可能性の変化となって現れる。(『ドラッカー名著集４ 非営利組織の経営』P・F・ドラッカー著、上田惇生訳)

非営利組織の成果について書かれた、とても印象的な文章です。大袈裟かもしれないですが、冒頭の一文を「シリアスゲームとは、人を変えるためのチェンジ・プログラムである」とすることで、シリアスゲームの可能性と成果が捉えやすくなるかもしれません。

実際、ゲームを体験した人々からは、制作者が驚くほど豊かな気づきをいただくことが多々あります。中には、ゲームに出会ってしまったことで、その後のライフキャリアに影響するほど行動が変わった、という人も数多く知っています。

ゲームをつくる側としても、「楽しんでもらえたら充分」と期待値を低く見積もるよりも、人の変化に真摯に向き合った方がよいものができあがります。ゲームづくりは、考えたことがそのままかたちになるという、正直な側面がありますので、その思いの強さや視座の高さはゲームのプレイを通してダイレクトに感じ取ることができます。

そして、人の変化はまちや社会の変化につながっていきます。

シリアスゲームづくりは、多様なステークホルダーを巻き込んでいくプロジェクトです。「つくりたい！」と立ち上がった人を起点に、調査や企画、デザイン、テストプレイ、普及の過程で、幅広い人々とともにプロジェクトを進めます。共感で動く人が多いのも、シリアスゲームの特徴です。そして、関わる人の熱量をエネルギーにして、ゲーム体験の届く範囲や影響力が広がっていきます。

日本中でシリアスゲームの取り組みが立ち上がっている中、私の携わっている取り組みを含めて、社会的インパクトの大きな取り組みが今後増えてほしいと心から願っています。

最後になりますが、本書の執筆にあたり多くの方から多大なご協力をいただき、ありがとうございました。
本書をともに執筆してくれた飯島玲生さん、石神康秀さんには本当に感謝しています。千葉商科大学の授業は、飯島さん、石神さんに加えて、佐藤宏樹さん、中澤義光さん、今井修さんと一緒につくり上げたもので、毎年、学びの多い貴重な経験をさせていただいています。講師陣の皆さんや、授業導入にあたって尽力いただいた渕元哲先生、コメントを寄せてくれた川津大輝さん、そしていつも見事なチームワークでゲームをつくり上げてみせる学生の皆さんに、この場を借りてお礼申し上げます。

また、素敵なコラムを寄稿くださった熊本県庁の和田大志さん、さいたま市役所の関口洋輔さん、福岡市役所の今村寛さん、そして名張市役所の皆さん、それぞれ本業のお忙しい中、ご協力いただきありがとうございました。ともにゲームを開発した一般社団法人コレカラ・サポートの千葉晃一さんも、原稿の確認をありがとうございました。いずれのゲームの紹介も、文字数の少ない原稿の中では詰めきれなかった魅力が多くあるかと存じます。興味を持った読者の方は、ぜひゲームを直接体験いただけたら嬉しいです。

そして編集者の友岡一郎さんには、書籍出版のお声がけをいただき、半年以上にわたる執筆の伴走をありがとうございました。書籍の出版はいつか実現したかったことの一つでした。大変貴重な機会をいただきました。

読者の皆さんには、本書を手に取って、ここまで読んでいただいて、本当にありがとうございます。

世の中には、シリアスゲームを専門的に研究されている方や、たくさんのシリアスゲームをつくっている方など、尊敬する方々が何人もいます。そうした中で、私が偉そうに語れる立場ではないと承知しつつ、これまでの経験から得られたものや、一緒に大学授業に取り組む飯島さん、石神さんの知見を、ぜひ多くの方が手に取りやすいかたちで世に出したいと思い、執筆に取り組みました。

シリアスゲームをつくる人、つかう人、あそぶ人が一人でも多く増えたら嬉しく思いますし、本書がその一助となることを願っています。読者の方々が本書の内容を実践する上で役に立てることがありましたら、ぜひお気軽にお声がけいただけますと幸いです。

《関連書籍》

ゲームづくりに関心を持たれた方におすすめの、次の一冊。

藤本 徹著『シリアスゲーム〜教育・社会に役立つデジタルゲーム』東京電機大学出版局、2007年

Geoffrey Engelstein・Isaac Shalev 著、小野卓也訳『ゲームメカニクス大全〜ボードゲームに学ぶ「おもしろさ」の仕掛け』翔泳社、2020年

Jesse Terrance Daniels 著、金井哲夫訳『自分だけのボードゲームを作ろう〜ゲームをデザインして、作って、みんなでプレイする』オライリー・ジャパン、2022年

上原一紀・飯島玲生・佐藤宏樹・渕元 哲著「社会課題を抽象化する力の向上を目的としたシリアスゲームデザイン授業の開発」『千葉商大紀要』59巻2号、2021年

著者紹介

上原一紀（うえはら・かずき）

プロローグ、はじめに、1章、2章2節、コラム⑤、3章1節、4章、第Ⅱ部のまとめ、おわりに

1989年愛知県生まれ。東京大学文学部を卒業後、千葉県庁に4年間勤め、市民活動担当部署に従事。その後、人事コンサルティングファームでの勤務を経て、2020年、認定NPO法人サービスグラントに入職。本業外の活動として、2016年頃からシリアスゲームに関する取り組みを始め、まちづくりゲーム団体ＵｒｂｏＬａｂを設立。ほかに、一般社団法人コレカラ・サポート理事、千葉商科大学の非常勤講師なども務める。開発に携わったゲームに、超高齢社会体験ゲーム「コミュニティコーピング」、これからの子育てを体験するボードゲーム「サンゴクエスト」などがある。

飯島玲生（いいじま・れお）

2章1節、2章3節、第Ⅰ部のまとめ、3章2節

東京都生まれ。博士（理学）。大阪大学大学院においてゲノム科学の研究で学位取得後、名古屋大学特任助教を経て、現在は株式会社エヌ・ティ・ティ・データ経営研究所で先端技術の社会実装支援や科学技術分野の政策支援を行う。その他、名古屋大学大学院情報学研究科招へい教員、ビブリオバトル普及委員会理事も務める。2016年から学術活動としてゲームを活用した社会課題解決に取り組む。まちなか発想ゲーム「メイキット」は第1回全日本ゲーミフィケーションコンペティションでグランプリを受賞。コンサルティング業務実績に基づいて、千葉商科大学で2021年に新設された特別講義「シリアスゲームデザイン」では、社会課題の調査に関する講義を担当。調査に基づいた社会課題の構造化を通して、ゲーム制作の支援を行っている。

石神康秀（いしがみ・やすひで）

3章3節〜7節

1976年岐阜県生まれ。立命館大学大学院にてソフトウェア工学を専攻、卒業後はITエンジニアを経てコンサルタントとして独立。その後、ソフトウェア開発の要件定義とボードゲーム制作の共通点からボードゲームの編集者となる。2014年にゲームを使って社会課題を解決する団体、ゲーミフィジャパンの創立メンバーとなり、2016年にはその管理会社である合同会社ゲーミフィ・クリエイティブマネジメンツを設立。現在は企業の研修用ゲーム制作支援を中心に、教育分野やエンタメにおいても「メッセージを伝える」ためのゲームのつくり方をサポートしている。開発に携わったゲームに、営業の本質を体験する「ザ・タイヤ転がし」、店長としての視座を学ぶ「サイゼリヤ店舗運営ゲーム」、情報システム部門の日常を描く「情シスすごろく」などがある。

ボードゲームが人を変える、まちを変える
シリアスゲームの活用とつくり方

2023年（令和５年）８月10日　初版第１刷発行

定価はカバーに表示してあります。

著　者　上原一紀
　　　　飯島玲生
　　　　石神康秀
発行者　大田昭一
発行所　公職研
〒101-0051
東京都千代田区神田神保町２丁目20番地
TEL　03-3230-3701（代表）
　　　03-3230-3703（編集）
FAX　03-3230-1170
振替東京　6-154568
ISBN978-4-87526-440-8 C3031　https://www.koshokuken.co.jp

落丁・乱丁は取り替え致します。PRINTED IN JAPAN
カバーデザイン：クリエイティブ・コンセプト
印刷：日本ハイコム㈱
ISO14001 取得工場で印刷しました。